꿈을 좇는 마음의 삶

꿈을 좇는 마음의 삶

발행일   2019년 8월 16일

지은이   김성호
펴낸곳   성미출판사
출판등록   720-93-00159
주소   서울 금천구 가산로 115-4(가산동)
홈페이지   www//:sungmebook@hanmail.net
전화번호   010-7314-2113
이메일   sungmebook@hanmail.net

편집/디자인 (주)북랩
제작처   (주)북랩 www.book.co.kr

ISBN   979-11-967874-1-7 03230 (종이책)
       979-11-967874-2-4 05230 (전자책)

성미출판사는 문서선교를 지향합니다.

산문 리듬을 탄 인생 주로走路의 책

김성호 지음

성민출판사

차례

제2부

제3부

제4부

서문

지상의 행복인 물질을 좇는 만연의 상업화로 사회적 그늘은 더욱 짙어만 가고 있다. 그 우상인 물질을 좇아 잡으려는 과도로 사회적 공분을 불러일으키는 인명경시의 강력범죄들이 날로 늘어만 가고 있는 가운데 인류 타락의 또한 측의 산물인 윤리도덕도 무너진 지 이미 오래다. 나라 법이 세워져 있고 사회적 통념이 있는데도 불구하고 고삐 풀린 사회는, 표현의 자유, 행동의 자유를 주창하는 사회는 집안에서조차도 편히 쉴 수 없도록 사면, 사방이 치안불안의 벽으로 둘러싸여져 있다. 무엇이든지 아무 때나 살 수 있게된, 하늘을 찌르는 저 높은 건물들을 우후죽순 웅장하게 솟구쳐 올린 부자로 잘사는 평화의 이면으로 물량의 권세를 허례허식으로 낭비하며 정체성마저 실종한 사회. 이런 사회가 보다 바른 존엄의 가치관을 구석구석 심어줘야 할 주요 결정체 기관이 보이지 않는다. 명상을 위해 깊은 산속으로 칩거했는지, 아니면 사람들의 눈에 띌세라 골목에서 골목으로만 다니는지 또는 지하로 숨어들었는지 그 어느 때보다 역할이 중차대한 시기에 그 영향력 목청은 유령으로는 들리나 실체는 안 보인다. 사회의 빛과 소금인 종교의 부존재를 말하는 것이다.

아담 이후 인류는 각종 죄악들에 길들여 살아왔다. 그 악동의 모양새들은 같은 피조물로서는 씻어낼 자가 아무도 없었다. 현인들의 사리분별을 갖춘 삶의 철학도, 영특한 그 어떤 신비의 종교도 사랑의 용서는 말할지언정 인간성 회복은 선도할 수 없었다. 참 빛이 아닌 땅의 소산물을 먹는 그림자 육체로서는 도맡아 영혼구원을 인도할 수는 없었다.

『꿈을 좇는 마음의 삶』의 책을
독자들에게 상재하면서

2019년 초여름
성미출판사 대표

제1부

어둠 물리치고 솟아오른
동창의 둥근 태양이
가슴으로 밀려든다.

책의 정신

전문적으로 기독교 소개를 하는 일을 사명으로 삼고, 자나 깨나 하나님의 존재 개념에 몰두해 있는 저술가들의 소재는 단연 성경이다. 기독교인들이 구원의 안내서 또는 지침 참고서로 인정하며 믿는 성경의 본 고향은 유대 이스라엘이다.* 재난과 멸망한 나라에서의 추방 등의 눈물겨운 파고를 끊임없이 겪은 유대민족이 오늘날까지 신앙적 정체성을 잃지 않고 있는 힘의 저력은 목숨을 걸고 성경을 지켜왔기 때문이다. 즉, 생과 사(삼상2:6)를 주관하시는 하나님과의 언약은 허설이나 실언이 아닌 실질적인 역사이기에 떼려야 뗄 수 없다는 갈망의 운명론이다.

---

* 하드리아누스 황제(14대 재위: AD117~138)는 유대 지역 명칭을 없애고 팔레스타인이라 부름.

그들은 한 마디로 책의 민족이다. 선대들이 남긴 탈무드 또는 유대교를 철학적으로 해석한『쿠자리, 예후다 할레비(랍비, 의사, 시인)』등을 탐구하며 환경에 굴하지 않는 열과 성심의 바탕인 의식과 정신의 질을 지켜왔다.

영혼구원과의 직결은 분명하나 그 목적에만 오로지 매달려 이 땅의 생활을 경외 시 하는 태도는 신앙인의 참된 정신이 아니다. 나만의 세계를 추구하는 편협성이 강해질 뿐이다. 얽매이는 속박의 진리라면 진정한 삶이 아니다. 진리는 속박을 풀어 주는 자유일 때 빛이 된다(요8:32).

지혜로 이끄는 성경

사람의 기분감정은 일편하지 않다. 아침때가 다르고 한낮 때가 다르고 하루 일과정리에 들어가는 저녁시간의 감상도 다르다. 이 바탕에서 성경을 읽는 시각도 제각각 다르다. 기분상태가 쾌활하다면 언어를 쓰는 표정은 밝고 그 글 또한 승리, 평화 같은 단어를 즐겨 쓴다. 반대로 그날의 기분상태가 저기압으로 우울하다면 그 표현력은 힘든 고통, 성가신 불만 등을 안색으로 그대로 드러낸다. 긍정적인 사고는 누구나 바란다. 그러노라면 항시 마음이 고요해야 한다. 시간에 쫓기는 분주는 마음의 안정을 안겨주질 못한다.

상상력이 풍부한 사람은 시시때때로 들었을 뿐 한 번도 본 적이 없는 그 하나님의 현상을 지성으로 밝혀내는 감각이 남 달리 탁월하다. 잠깐 스쳐본 사물 너머의 상상세계를 내다보며 장차 도적 같이 임할 예수 재림을 두 눈으로 똑똑히 볼 소망 잃지 말라는 설득력이 가히 천재적이다. "신성한 의지가 자연의 힘을 압도할 때 기적이 일어난다." 주장을 대표적 사례로 꼽을 수 있겠다.

성경은 영적통찰력이 뛰어난 예언자들이 각기 목격한 자신의 하나님을 시대별 색상으로 기록한 책이다. 예언은 나타나진 기적과 일치할 때 썩지 않는 믿음으로 살아난다.

"예언은 언제든지 사람의 뜻으로 낸 것이 아니요 오직 성령의 감동하심을 받은 사람들이 하나님께 받아 말한 것임이라"(벧후1:21).

아침의 희망

어둠을 물리치고 솟아오른 동창의 둥근 태양이 가슴으로 밀려든다. 영원한 희열의 온기이며 성스러운 느낌마저 품게 하는 무한의 아름다움이여, 두 팔 안으로 얼싸안고 싶은 희망의 등불이여, 운수예감이 썩 좋은 첫 시간부터 뜨거움에 목이 타는 갈증 식혀 주소서. 만물의 생명이시여, 상호 선의로 맺어진 그 만물을 수만 겹 사랑으로 어루만지시며 그 감사 찬양에 보좌에서 일어나셨다 앉으셨다 어쩔 줄 모르게 기뻐하시는 전능의 아버지시여, 대지의 새날 아침을 마음껏 축복하소서.

태양 빛에 붉게 물든 흰 구름 위로 넓게, 넓게 상공으로 두 둥실 퍼져 나간다. 들판 식물들 힘을 얻고 습지 안개 움킴에서 꾸물꾸물 풀려나며 어부가 생선 구워 먹고 남긴 모닥불을 끈다.

마구간 아기

하나님의 가상 현현인 별과
함께 예루살렘에 이른 성 삼인의 동방박사. 아무도, 아무도 인
지하지 못한 성스러운 기운을 안고 마을을 찾은 예언자들. 기
만이 날뛰게 된 헤롯, 누리고 있는 부귀영화 무너질세라 하나
님의 아들이 잡아나갈 민생질서 두려워 서둘러 삼인의 동방박
사들 왕국으로 불러들인다. 대접이 융숭하다. 성 삼인의 그 취
기를 이용해 이스라엘의 목자가 될 아기의 출처를 캐묻는다.
베들레헴 가축 마구간. 도심 내에서 임시거처를 얻지 못해 물
러 나온 두 부부, 갓난아기를 안은 어머니와 정혼한 남편이 성
삼인의 손님들을 맞는다. 삼인은 말씀이 육신이 되신 아기에게
엎드려 경배 후 황금, 유향, 몰약을 예물로 드렸다.

아담 이후 인류는 각종 죄악들에 길들여 살아왔다. 그 악동의 모양새들은 같은 피조물로서는 씻어낼 자 아무도 없었다. 현인들의 사리분별을 갖춘 삶의 철학도, 영특한 그 어떤 신비의 종교도 사랑의 용서는 말할지언정 인간성 회복은 선도할 수 없었다. 참 빛이 아닌 땅의 소산물을 먹는 그림자 육체로서는 도맡아 영혼구원을 인도할 수는 없었다.

소녀는 어디 갔나

하나님께서 우리에게 축복을 내리셨다. 훨훨 날듯이 가벼워진 발걸음. 자유로운 눈길로 천지를 둘러본다. 기쁘게, 언제든 명랑한 시선이 위로 쳐들린다. 한뜻으로 동화된 마음이 마음을 향해 자애로운 미소를 짓는다. 그 소소한 자비로운 행복이 꺾이지 않도록 보호하는 의지를 높여준다.

아름답게 즐거운 시간…. 신선하게 감미로운 이 엄청난 변화! 우리 모두 성심으로 입 맞추자. 우리들 둘레에서 보이지 않는 장난기 많은 소녀는 어디 갔나.

성 밖

나는 가리. 생명이 머무는 성안으로….

기도의 찬양 부르며 성전 문 열고 제단을 마주 보며 앉는다. 경건에 잠겨 성경을 읽으며 나의 힘이 되시는 주님에게 초점을 맞춘다. 신심이 고양된다. "내 품에 머물라." 하시며 끌어안고 반겨 맞아 주시는 전능자의 눈빛 사랑에 안긴다. 눈에서 심장을 거쳐 신성의 명예를 입는다.

승전가가 나부낀다. 멸망으로 인도하는 사탄을 물리치시고 인류의 머리 위에 서신 그리스도. 그 한편으로 도무지 회개하지 않는 육신들을 불의 연기와 유황이 뜨거운 지옥으로 내려보내신 구세주. 그분을 믿지 않는 심판으로 구원의 전망 없이 목마른 절망의 신음으로 나날을 보내는 그들의 끊임없는 분노로 지옥은 흔들리며 무너질 듯이 귓가를 가득 메운다. 포도주 취기로 마음껏 놀고먹은 옛 전성기 행복을 추억하며 그나마 시름을 달래는 그들도 보는 눈은 있다. 그들 앞에 지고의 모습을 드러내신 지상의 왕. 검은 무덤들이 즐비한 대기를 뚫는 울부짖음이 솟구친다.

"형제자매들이여, 개들과 점술가들과 우상 숭배자들과 및 거짓말을 좋아하며 지어내는 자는 다 성 밖에 있으리라"(계22:15).

비유

연 가슴 쳐들어 개울물 은빛
안개로 목을 축이는 덤불숲 바라본다. 밝음 머금은 잠깐의 웃
음에선 하나님께 의지 둔 선량 미 실려 있으나 들뜬 행동은
이와 딴판 하게 방자하기 짝이 없다. 분수를 잃은 자의 손길
에서 헤쳐지는 덤불 속에서 한 쌍의 비둘기가 탈출한다. 보금
자리를 빼앗긴 것이다. 그렇게 천연의 본 모습은 훼손되었다.

신앙의 진정한 아름다움은 분수를 지키는 교양인데, 저 입에서 불리는 하나님 찬양은 욕될 뿐이다. 외어대는 성경 몇 구절 인용 왜 저리도 깊이 없이 메마르게 척박한지. 그토록 어울려 지낸 세상 사람들에게서 배워 물든 장사이득만을 좇았던 사고방식이 참으로 불경스럽기 그지없구나. 무조건 집어삼키려 드는 맹수와 다를 바 없구나. 하나님께서 구슬리려 부르시나 그는 알아듣지를 못하고 떠나버린다.

보은

         관리하는 수호신 없이는 끝없이 광활한 우주공간의 존속은 불가능하다는 생각을 가끔 떠올리면서…. 그 너머에서 인류를 굽어보고 계시는 하나님의 모습을 그려보곤 한다. 지구는 우주공간의 한 거점이다. 쉬지 않고 날마다 공전하는 지구는 낮에는 태양, 밤에는 수많은 별들과 달의 이슬이 대지의 식물들을 자라게 하면서 모든 생명체들에게 고루한 식량을 공급한다. 그 영향은 이끄는 방향이 딱히 없어 어느 때든 충돌이 농후하나, 그 운영은 한 치의 오차나 반칙 없이 언제나 질서정연하다. 그 우주의 법칙과 달리 지구는 땅을 가르는 지진과 물의 범람을 일으키는 태풍 따위의 난류亂流재해로 뒤죽박죽 무질서에 빠져드는 경우가 잦다.

그 지구상에 70~80억 인구가 살고 있다. 그 인류와 삼라만상을 주관하시는 하나님과 화해 성 연계를 맺어주는 대상은 산과 바위굴 도처에서 깨어 기도하는 신앙인들이다.

신심의 깊이에 따라 하나님 대변의 역할을 맡은 신앙인들은 취해 떠드는 방탕 자들보다 피를 말리는 땀을 흘리며 가파른 절벽을 기어오르는 불운의 역경을 많이 겪는다. 왜 그럴까? 펄펄 끓는 용광로 불길이 무쇠를 녹여 밭을 일구는 농기구를 생산해내듯이 필요에 따른 시험의 엄한 단련이기 때문이다. 사납게 덤벼드는 외세 악업을 더 강한 영적 힘으로 극복하고 물리친 그들에게는 지상물질의 상과는 비교할 수 없는 하늘의 영원한 큰 상이 예비되어 있다. 그 과정에서 타격과 타박상을 입은 보은이다.

남 비난

                현대를 살아가는 사람들의 정신적 메마름은 하나님의 인식이 떨어져 가기 때문이다. 좀 더 구체적으로는 그분의 침묵이 길고 이상의 모습이 안 보일 때 인간의 심리는 좌절에 잠겨 든다. 이럴 경우 의지의 척도에 따라 누구는 이방 신神임을 구분하지 않고 금송아지(출 32:4) 우상 앞에 절을 할 것이고, 누구는 신령하다는 무당을 찾아 미래의 궁금증을 풀려고 할 것이다.

   자신의 욕망에 부단히 쫓기는 조급한 자는 돌부리에 걸려 넘어진다. 문제는 그것을 미처 보지 못한 자신의 잘못을 꾸짖지 않고 재주가 없어 코가 깨졌다는 남 비난이다.

누구일까?

갓 피어난 따뜻한 생명, 이리 흔들 저리 기웃거림 철없이 불안하나 코를 뾰족이 쳐든 생기는 발랄하다. 누구로부터 소중한 선물을 받았는지 영혼의 열기가 해맑게 충만하다. 부풀어 오른 가슴에선 신비한 정신이 내뿜어진다. 입술은 자연의 원천에서 솟는 샘물 같고 손가락 끝에선 충분히 쉰 예술 같은 힘찬 아침이 들려있다.

누구일까? 저 영혼에 자신을 몰아대지 않는 참신한 사랑을 내리신 이는- 나보다 더 나인 대상에게 영혼을 기울여 바라보는 천상의 눈길에 행복을 가득 담게 한 창조의 영은-

신앙의 위상

종교적 신념은 형이상학적이다. 인간의 능력으로는 도무지 해결할 수 없다고 포기한 상태에서 하나님께서는 능히 할 수 있다는 상승기류를 띄우는 것이 곧 형이상학적이다. 바라는 것들의 실상은 믿음의 힘에서만이 체험할 수 있는 증거이다(히11:1).

의술이 치료하지 못하는 병이, 보이지 않는 영의 손길에 의해 신비롭게 치유된다. 또는 물질의 고통에서 울고 있는 와중에 까맣게 잊었던 사람으로부터, "가장 힘들고 어려웠던 시절에 당신이 아무런 대가 없이 베푼 선의 은덕으로 오늘날의 성공 틀을 다지게 됐다."며 새 힘을 얻게 된 일들은 진정 신앙의 기적이 아닐 수 없다.

지금 현재 마음으로 무엇을 쌓고 있는가?

"선한 사람은 그 쌓은 선에서 선한 것을 내고 악한 사람은 그 쌓은 악에서 악한 것을 내느니라"(마12:35).

그 시절

벌써 여러 날 고립에 갇혀 진땀을 빼고 있다. 경지에 오른 성공자의 본보기 삼아 마음을 담은 정신머리 들어 하늘을 바라보나 눈이 가려져 아무것도 보이지 않는다. 나로서 다진 중심적 사고가 아니라 그런지 남 흉내의 모방은 진도는커녕 묶이는 경우가 있음을 새삼 깨닫는다. 무얼 하고 있는지조차도 잘 모를 정도로 꼬이는 몸을 풀려는 뒤척거림이 유일한 낙이다. 좋은 뜻이라 할지라도 꿈의 크기는 오지항아리에 불과함도 정신머리를 일깨운다.

모든 인식을 동원하여 경력을 쌓았는데도 불구하고 아무런 보상이 없다면 심경은 체념에 빠져든다. 이젠 나로서 나의 생을 세워보겠다는 의지도 퍽이나 약해졌다. 다만 걱정거리 잊게 하는 경건의 신앙에 일념을 내걸려는 옛 시절을 그려볼 뿐이다. 사춘기 때부터 바른길로 인도하며 그나마 사리분별을 갖춘 체질자로서 자리 잡게 한 그 시절의 신앙교육에 따르면 경건은 영혼을 살리는 무형의 힘이라는 것이다. 아무것도 안 하는 거 같아도 창조의 영이 흐름을 체험했었다. 있지도 않은 모사를 나의 지식이라 억지를 부릴수록 참된 진실과 멀어진다는 점도 동시에 터득하기도 했었다.

공생의 기적

인간이 살아생전에 천하를 호령하는 왕이었다 할지라도 행적이 끊기며 흙무덤에 묻힌 이상 잊히는 건 당연하다. 후세들이 어쩌다 그를 떠올리는 기억은 그 기록자들이 남긴 자료에서뿐이다. 21세기 전의 인물이 오늘날까지도 인류 속에서 살아 숨 쉬고 있는 영원한 운동은 기골 찬 힘줄이 아니면 불가능한 불멸의 기적이 아닐 수 없다. 인류는 왜 33세의 나이에 인류의 죄를 짊어지고 십자가에서 돌아가신 후 사흘 만에 부활하신 그를 역사적 인물로만 보지 않고 여전한 공생의 인물로 활동하는 구세주로 믿고 구원을 바라는 기도를 올리는 걸까? 회전하는 그림자도 비치지 않는 절대적 영이시기 때문이다.

한 밀알의 죽음은 이처럼 그의 공생을 이어받은 시대별 믿음 자들의 변치 않는 복음전도의 발품을 통해 끊임없이 사랑의 평화가 펼쳐지고 있다. 공생 때처럼 대상을 초월한 힘을 발휘한다는 것은 그만큼 구속의 영향력이 식지 않았다는 뜻이다. 미움의 살생을 크게 뛰어넘은 인간들의 온갖 죄악들이 그치지 않는 이상 그의 사역은 결코 끝나지 않을 것이다.

수면 깊은 품

　　　　　　　　인간은 감히 오를 수 없는
높은 하늘의 산성을 향해 이름 모를 한 송이 꽃 몸 숙여 아무
도 모르게 피어있다. 식물성 연약 속에 심지가 굳은 용골이
돋보인다. 평온한 햇살은 기개 펴 흡수했다 돌변으로 몰아친
빗줄기는 쭈그려 피하나 소용이 없다. 바닷물 속에 잠겨 든
모습 가엾기 짝이 없다. 그 속에서도 기억력 있는 두뇌로 야
곱 사다리 기도의 간원을 멈추지 않고 성스러움을 키운다.

내맡긴 발밑이 꺼지며 더 깊은, 더 깊은 수면으로 가라앉는다. 정신 차려 주위를 둘러본다. 흰 눈 아닌 흰 물살이 사벽을 두르고 있다. 그 가운데서 누군가의 안온한 눈빛이 지켜보며 있다. 순간 저민 가슴과는 떼려야 뗄 수 없는 꽃잎이 하얘지며 그 품에 쓰러진다. 영혼의 불안이 사라졌다.

입맞춤

내 가슴, 내 품 안에는 하나
님의 왕국이 있지. 주변 다 잊은 사랑 담긴 시선이 항시 내게
로 머물러 있어 두려움 따위 느낄 여력이 없지. 행복하냐
고…? 생각하기 나름이지만 가장 무서운 적은 무슨 일이든 하
기 싫어지는 나태야. 척추의 골수까지, 엄지발가락 속까지 아
픔 없이 건강으로 꽉 차이겐 때로는 더위 먹은 몸처럼 비틀거
리게 하더라고… 약해졌다, 강해졌다 온도 차 인식능력의 생
활이 고르지 않아 고민이 커. 그래서 하는 말인데 하나님의
사랑을 늘 풍성하게 인지하려면 땀 흠뻑 흘린 노동 끝 잠이
달콤하듯이 스스로 흙덩이 부스는 밭갈이에 부지런을 떨어야
한다는 거야. 체력이 쇠해질 수 없는 비법이기도 하지. 참, 또

한 가지, 성욕이 새 생명의 잉태이듯이 이성의 입맞춤으로 하나님을 바라봐야 한다는 거야.

동행

　　　　　　　　　　흘려 넘겨도 괜찮다 싶은 아
무렇지도 않는 사소한 일에서부터 우리는 부침을 둔 기쁨과
수용이 불가하여 심기불편의 시험에 드는 슬픔감정에 쉬 젖어
든다. 믿음은 관계의 시초이다. 그 생물적 관계가 깊어지면 가
르치는 지식적 대상이 아니라 평등한 눈빛 교환만으로도 그
이면의 뜻에 고개를 끄덕인다. 기대치 이상의 새로운 만족보
다 변하지 않을 그러면서도 살아있는 고즈넉한 가치존중 연대
이다. 그러나 그 가운데에는 너무나 익숙해진 방심이 들어있
다. 일정한 거리를 두고 있지 않아 올바른 보수성 정신을 잃
게 하는 경우가 발생할 수 있는 요인이다.

하나가 다수일 수 있고 다수가 하나일 수 있는 게 공동체이다. 이편에서는 진리이나 이해가 다른 저편에서는 오류일 수 있는 게 세상사이다. 익숙하지 않다고 나쁜 것은 아니고 친숙하지 않다고 잘못된 것이 아니다. 또한 지금의 말이 성서의 기록 내용이 아니라고 틀린 것은 아니다. 엠마오로 가는 길은 부활의 주님과 동행이다.

믿음의 힘

믿음은 마음의 근심거리인 온갖 외적인 것에서 벗어났을 때, 비로소 평강이 임해진다. 계획에 너무 집착하지 않고, 성령이 인도하는 대로 상황에 적응하면서 몸과 마음에 해를 끼치는 난파 같은 역경을 심각하게 받아들이지 않고, 유연하게 대처하는 것이 신앙의 기본이다. 남의 눈치나 보며 움직이는 척하는 행동은 본연의 자신이 아니므로 감정의 위선이다. 침착한 태도에서 심령을 안정시키는 언행이 나오고, 잃지 않겠다는 운명의 악착보다 가벼운 웃음이 인간다운 모습이다. 자신을 좋아하고, 자신의 믿음을 신뢰하고, 자신을 존중하는 힘은 자신에게 집중했을 때 끌어올려진다.

영적 기적은 육신을 입은 인간의 영역이 아니므로 설명이 쉽지 않다. 하나님의 불가사의한 역사이다.

사랑아!

        사모에 불타는 내 가슴, 아픔의 고통이 옥죈다. 사랑은 활짝 핀 젊음의 자유가 아님을 깨닫는다. 낯선 생소에 기대 걸었던 금빛 삶의 단꿈이 물거품이 된 걸까. 기운을 내어 탈출을 시도해 봐도 숨통 끊은 마법에 걸리기라도 했는지 영혼의 숨 내 쉴 수 없다. 갑갑한 어둠에 잠긴 그사이 신경의 핏줄을 헤집어놓은 사랑은 저 멀리 달아난다. 평안이 사라져 우울감에 젖어 든다. 달래 보는 눈물방울이 앞 보이지 않게 시야를 가린다. 어쩌나! 사랑아, 사랑아. 나의 상실 거둬다오.

나는 내 길을 돌이켜 주님께로 되돌린다.

생명의 태양

　　　　　　　　　그대에게 보낸 사랑 나의 희
망으로 되돌아온다. 어딘가에 숨은 성스러운 그대를 찾는 발
걸음 행복 채워 돌아온다. 그 기백 넘치는 미친 애정에 걸핏하
면 속아주는 척 아닌 진짜 바보가 된다. 황금빛 꿈은 잠에서
깨며 사라진다. 그러나 그 잠결에서도 호흡의 삶은 존재한다.
그는 이끄는 마법의 힘을 갖고 있는 걸까. 그저 뒤만 따라 오
르는 내 꼴이 우스꽝스럽기 짝이 없다. 짓 부서진 나의 진심
한 체면에 그가 돌아본다. 손짓해 부르며 기다려준다. 달려가
두 어깨 힘줄이 늠름하게 강하며 한없이 넓은 그 품에 안겨든
다. 흔들어 번쩍 들어 안는다. 뜨거운 포옹. 헛된 짓은 아니었
다. 이전보다 더욱 푸른 젊음으로 태어난 새 생명의 태양. 알

알이 영근 풍성한 열매! 황홀한 희열, 영원히 마르지 않는 에

덴동산이기를….

골짜기

                깊은 골짜기 백합향기로 몸을 씻는다. 드물게 듣는 가파른 바위 목청 울리며 퍼진다. 구름에 덮인 고원, 그 일부 아래로 내려와 물 흐르는 골짜기 숨긴다. 고목나무 누여진 땅에서 한 영이 솟아오른다. 신접한 엔돌 여인이 불러올린 옛 선지자 사무엘이다. 사울이 벌벌 떨며 그 앞에 절을 한다. 하나님의 음성을 듣지 못하는 막힌 귀를 열어달라는 부탁을 올린다. "너를 떠나 네 대적이 되셨거늘… 네 손에서 나라를 떼어 다윗에게 주셨느니라."(삼상28:16~17) 이어 너와 네 아들들이 한날한시에 죽을 것이라는 예고를 듣고 자신 그림자 드리워진 땅에 완전히 엎드린 사울의 두려움에 떠는 진동에 다시금 바위 봉우리 구슬프게 운다.

늦은 밤. 생각에 잠긴 골짜기. 덤불숲 속에서 깜박거리는 몇 마리 반딧불이. 나뭇가지 위를 기는 벌레에게 장래 먹잇감 이야기 들려주지 못하고 다른 곳으로 떠나버린다.

자연예술가

　　　　　　　　　　　　예술가들은 이상理想세계를
그려내는 창조자들이다. 무無의 암흑을 밝은 유有의 세계로 그
려낸다. 그렇다고 그들은 천지를 창조하신 하나님은 아니다.
그들도 여느 인간들처럼 조상弔喪의 장식과 결합되어 있다. 한
번도 믿음 준 적 없었던 순간 포착의 사물에게 보통 인간이라
면 무심히 지나칠 깊은 시선을 던져 미래의 예감으로 허황된
꿈을 실상의 생명으로 살려내는 예리한 투영은 자연의 운명
을 짊어진 예술가들의 몫으로 주어져 있다. 연속적인 한 방울
의 낙수가 바위를 뚫는다 했다. 흔들리는 위험의 요소 발견은
세심한 하나하나의 주의에서 바로잡아진다. 그 사물의 감정을
들여다보는 안목은 친밀한 유대에서 비롯된다. 진정한 관계는

회오리바람의 혼란에서도 시선을 떼지 않고 그 기운이 정착으로 가라앉을 때까지 꿰뚫어 지켜본다.

우의 관계

장마절기의 연일 비는 일상을 뒤죽박죽으로 바꿔놓기 일쑤이다. 집어삼킬 듯이 넘쳐나는 그 격랑에 크고 작은 수해사고를 입기도 하며 인명 손실도 잦다. 이 밖에 지진, 화산 등도 자연의 무서움을 일깨워 준다. 이런 불길한 현상들은 낮의 해, 밤의 별들과 달이 한 치의 오차도 없이 질서정연하게 운영되는 것과는 아주 상반이다. 또한 바다의 조류가 달의 인력에 따라 밀물썰물의 날짜와 시간을 규칙하게 맞추는 것도 신비할 따름이다. 자연 현상은 이유 없이 일어나지 않는다. 깊은 물 속부터 거세게 휘젓는 파도는 바다를 정화하고, 시도 때도 없이 부는 바람은 공기를 정화시킨다.

육안으로는 보이지 않는 영의 섭리가 세상을 지배한다는 신앙을 소지한 사람은 자연과의 대적은 않고 그 가운데에서 보호해 달라는 기도를 올린다. 하나님은 선한 자에게는 선함으로 품어 안으신다. 한 믿음으로 결속된 우의友誼 관계이다. 큰 사랑을 받고 있다는 부푼 가슴에는 영적교만이 흐르고 있다. 방종을 조심해야 한다. 만물보다 부패가 높은 대상은 감정이 자유로운 인간이다. 미덕의 오랜 간직은 재갈을 물리는 엄숙이다.

착각

허공의 종이 한 장 신난 환
호성 지르며 목적 없이 이리저리 둥둥 떠돌아다닌다. 성급한
제비 한 마리 입에 물었다 내뱉는다. 살아난 종이 찢긴 채로
바람 멈춘 사이 나뭇가지에 살랑살랑 내려앉는다. 휴식의 기
쁨도 잠시, 펄럭펄럭 종이 흰 송이 찔레꽃 서광의 빛으로 착각
하며 자리 옮겼다가 몸 뚫리는 상처 입는다.

기다릴 거야

                        어슴푸레 가물 한 새로운 관념이 고통을 안겨준다. 혼이 절반만 채워진 것 같다. 애착 속에 흐르는 피 순환 진정되지 않아 숨결조차 고르지 못하다. 멈춘 인생의 행복. 도망을 칠까. 어디로…? 여기서 나간다면 구원에서 소외된 불신자들이 머무는 지옥의 입문일 텐데…. 나는 영원하신 인류의 아버지가 계시는 천성의 보좌에 들어가고 싶지, 유황불에 항시 데여 정신을 차릴 수 없는 절망의 세계로는 내려가고 싶지 않아. 나는 오랫동안 변치 않는 진실된 믿음으로 "바로 너였구나."라는 주님이 반기시는 음성을 들어왔거든. 그러니 머리와 가슴에서 치열하게 다투는 선과 악 가리는 분변의 능력을 더욱 키운 맑은 정수로 그날을 기다릴

거야. 그곳에는 내가 죄악의 유혹에서 떨 적마다 사랑의 격려
로 붙드신 어머니께서 계시거든….

천국나무

          내 가슴에는 천국나무가 자라고 있다. 어둠 땅속에 묻힌 뿌리는 오랜 세월 참고 견딘 깊은 인고로 드넓게 뻗어있다. 쉽사리 뽑히지 않는 아름 굵은 밑동 줄기는 변화무쌍한 사계절 기후를 수십 년 동안 모질게 겪은 탓에 아주 튼튼하고, 그 위로 활짝 열려있는 세상을 향해 쭉쭉 뻗어 자란 무성가지는 푸른 잎으로 기쁨의 윤기를 훨훨 휘날린다. 희락에 찬 주렁주렁 앳된 실과는 노래에 노래를 부르며 머나먼 가을을 기다리고 있다. 여느 생명들처럼 흔들리는 근심이 없을 리 만무한 천국나무는 우정의 조화로 최상의 시간을 보내고 있다. 고요한 안개빛의 신비에 감싸여 있다.

흘러라, 대지 적시는 강물아. 즐거운 장난을 풀어
놓고 소생의 만물들 입 맞추게 하는 영원한 천국나
무여!

행복의 불

내 영혼아, 지치지 마라. 하늘보좌에 매어 둔 나의 소망은
대충 드러낸 반의 꿈이 아니라 하루하루의 일과이니라. 원 모
양으로 맴도는 것 같아도 현명을 깨치는 근심은 위로, 앞으로
성장을 거듭 키우고 있노라. 그 모습 내 안에 거처 삼은 행복
의 불 켜게 하노라.

숭고한 노래

마음은 익숙한 주로走路이다. 잠시 잠깐 일상적인 모든 것들을 물리치고 신성한 영감의 날개를 달고 높이, 높이 비상한다. 발아래 땅의 세상은 광기로 내달리고 있다. 공기 탁한 그 매연이 상층부까지 닿아있다. 하늘보좌에까지 차오를 기세이다. 조금 더 오르자 비로소 인간의 언어로는 설명이 부족한 숭고한 노래가 불려진다.

바리새인

바리새인은 전통규례에 얽매인 비 자유자이다. 그는 그 뼈마디 골조로 한 공기를 호흡하는 땅의 사람들을 경시하며 그 기름진 음식으로 배를 채운다. 그 밥그릇에 누군가가 초장을 뿌리려 한다면 왜 식전에 손을 씻지 않느냐 힐난하는 뜻을 담은 경계를 곤추세운다. 명성에 걸맞은 내면성 악습이다. 영적문제 해석을 율법으로만 풀면서 파리 떼 끊이지 않는 구질구질 고을에서 무슨 구세주가 나오겠냐는 비난을 뻐개며 쏟아낸다. 화장이 짙은 치장 얼굴. 사념을 평화로 위장한 무덤 속 해골 정신. 믿음의 기억에 맡긴 구원의 해방을 반으로 쪼개면서 지옥으로 이끄는 바리새인. 순수하지 못한 성질은 위선의 가면일 수밖에 없다는 한숨이 절로 새어 나온다.

시인의 고동

                       시인은 끙끙 앓는다. 하나님께 시상詩想을 맞추어야 하는 의무감이 힘들어서이다. 순정한 고생이라 애써 위로하나 그 속에서 잔인함이 아른거린다. 내 머리정신이 대리석처럼 번질번질 차갑다. 바닥이 더럽게 깨져 있어야 아침마다 젖은 머리, 슬리퍼 발로 생계 터 향해 달리는 무명인들을 대변하는 살뜰한 글이 써질 터인데 징표가 안 떠오른다. 제방에 갇힌 물결과 같다. 잊지는 않았으나 미처 생각을 못 한 사이 눈앞의 누군가가 떠나고 있다. 돌아오라 부르려 하나 입이 안 떨어진다.

깃 세운 옷으로 턱까지 감싸고 바윗길을 지나 겨울들판에 다다랐다. 추운 들판은 바싹 메말라 화기 위험을 안고 있다. 공기는 신선하다. 갑자기 기분이 환해진다. 부풀어 오른 시인의 맑은 가슴에 고동이 울린다.

해당되는 여러 문제

시선은 저 먼 수평에 머물러 있다. 아무런 할 말이 없다. 경건심이 진지해진다. 최후 심판의 날, 하늘천사가 먼저 예고로 모든 사람들이 듣도록 불 나팔소리 울리는 바로 그날, 과연 나는 사명감 수행에 한 점 부끄러움 없는지 실없이 헤아려본다. 법 없이 착하게 살았다 할지라도 주어진 책무를 게을리했다면 나태 죄목에 해당된다. 변명이 쓸데없다. 주님을 향한 걱정보다 먹고 마신 안일만을 좇았던 시절은 사치죄목에 해당된다. 성결부재가 원인이다. 그토록 귀가 닳도록 일러 가르쳤는데도 도대체 깨닫지 못한 무지로 여기 기웃 저기 기웃거리며 선과 악의 분별을 잃고 산 것은 망상의 불순종 죄목에 해당된다. 믿음의 내밀을 다지는 영적부흥 결핍이 원인이다. 믿음의 진정성보다 유창한 말솜씨로 사람을 줄 세운 것은 허식 죄목에 해당된다. 실상의 복음 소개와는 유감스럽게도 아무런 관련이 없기 때문이다.

시류

                      우선 영육을 강건하게 다져라. 건강에서 건강한 활동이 생산되고 눈의 맑음은 보이지 않는 그 너머에서 손짓으로 환영하는 믿음의 세계를 본다. 병상에 누운 자의 좋은 덕담은 측은하게 들리는 법. 위선은 자신을 감추는 기만. 남의 정직을 약점으로 잡고 혀로 헐뜯는 행태는 기품이 바르지 못한 버려진 육신. 선을 부정하다 외치는 분노는 교만. 가난한 마음은 구차한 궁핍 아닌 악의 없는 성스러움. 부자의 돈은 차갑고 가난한 자의 움켜쥔 돈은 뜨겁다. 죄 없는 자 누구랴! 그 죄인들이 정당에 선 사람을 거센 비판으로 끌어내고 있다. 착한 사람의 행적은 소문 없이 잔잔하게 퍼지나 악인의 등장은 공포를 불러일으킨다. 착한 사람에게는 대문이 활짝 열리나 악인이 나타나면 창문까지도 꼭 꼭 잠근다. 무지자는 미련하고 유식자는 거만하다. 아무 일도 해결 못 하는 무능 자는 쓸모없다며 버려지고, 못을 제대로 때려 박는 목수는 든든한 집 지을 자질을 갖춘 자이다. 흐르는 물결은 굽이굽이 요동치듯이 사람도 이런저런 경험자가 시류를 잘 탄다.

작은 견해

                교만한 사람은 약한 자의 존엄을 무시한다. 유식한 자는 교육수준이 낮은 사람을 낮춰본다. 온정 없는 편협한 우월감이다. 거부는 존재의 부정이다. 나의 일부가 아니라는 뜻이다. 상생이 발효될 수 없다.

  인간의 도리는 자연의 혜택을 더불어 누리며 한 시대를 살아가는 생명들과의 평등이다. 하나님은 사랑의 행실로 낮은 곳에 주로 머물러 계신다. 병으로 기력이 쇠해진 환자는 회복을 기대하는 믿음의 귀로 어떤 말씀이든 아멘으로 받아들이기 때문이다. 식물도 짓밟는 발질보다 애지중지 관심 가져주는 손길에 반응이 상냥하다.

  감정은 작용을 불러일으키는 힘이다. 그 힘의 충실은 가치

를 높여준다. 그러나 그 가치는 벽돌 한 장에 불과한 작은 견

해일 뿐이다.

시간

　　　　　내 마음대로 토막 내 쓸 수
없는 시간. 그 시간은 반드시 오고야 만다. 빠르지도, 느리지도
않게 일정한 속도로 경점에 당도했다 기척 없이 슬그머니 지나
가 버린다. 정해진 그 운행의 법칙 속에서 생물은 번식하며 성
장한다. 생은 즐거운 평안보다 불안정한 고통의 날이 훨씬 많
다. 재화財貨를 좇는 일의 수고가 가져다주는 심신성 위험이다.
돈보다 오랫동안 써먹을 가치에 중시를 둬야 한다. 고난은 영
혼을 일깨우는 약초이다. 영혼이 깨어있는 자는 언제든 의지를
불태운다. 자의恣意가 침해되지 않도록 인식을 높여 경계한다.
편견에 떠밀려 일시 떠난 마음을 반성으로 되돌려 일상을 맞
는다. 빗장 문은 들어 올리는 희망 앞에선 활짝 열린다.

아무튼

                 아무튼 여러 경험을 통해 실연의 쓰라림, 가시에 찔려 찢긴 살피, 채찍에 맞은 검은 멍의 상처, 손과 손을 맞잡고 산림 우거진 자연 속을 거닐며 온기 교류인 사랑을 속삭인 달콤함, 음식부패를 막는 짠맛을 고루 겪게 하는 인생은 좋은 것이다. 죽음은 한 인생의 삶을 끝내려 마수로 덤벼들고, 삶은 그 끔찍한 어둠의 죽음 받아들일 수 없다며 저항의 파괴로 막는다. 하나님께서는 우리 인생들에게 갖가지 특권을 내리셨다. 그중 하나가 날마다 자기 자신으로 거듭나는 것이다. 그래서 직립보행의 인간은 먹이 사냥만이 주 일상인 네 발의 짐승보다 앞서가는 이성을 갖출 수 있게 되었다.

내면에서 뜨겁게 타오르는 불기둥 결코 꺼질 일 없으리. 많은 생물을 보게 하는 한낮의 그 열정은 고통의 수반이어라. 너무나도 많은 것을 기체로 증발시킨 우리는 지친 기력 회복시키려 수행처럼 별들의 밤에는 쉰다.

하나님의 지속적인 뜻

분명한 진리는 하나님께서 인류에 두신 뜻은 몇 천 년, 몇 백 년의 시간과 상관없이 언제나 한결같다는 것이다. 즉, 모든 영혼들의 구원이다. 그 경로는 성경의 메시지를 통해서 아골 골짜기까지 지속적으로 전해지고 있다. 그토록 변치 않는 끝없는 관심은 "나는 너 또는 너희 모두의 하나님이다."라는 환기 때문이다. 그 해석은 내 믿음의 지각으로 대변할 수 있어야 비로소 하나님을 받아들이는 성찰로 접어들게 된다. 그전까지는 은혜의 바깥이다. 의지는 능력을 나타낸다.

모든 순간은 소중하다. 틀렸다는 주장은 나의 상황에 맞춘 부정이다. 목적을 둔 일이 순조롭지 않다면 가설은 제쳐두고 새로운 발견을 찾아야 한다. 옛것만을 붙들고 있으면 넓은 바다로 띄워야 할 배를 항구에 정박해두는 것과 다를 바 없다. 배의 용도는 바다 위에 떠 있는 것이다.

회상

정신을 점화시켜 앞을 내다본다. 원기를 회복시키는 유의의 정기精氣 안의 기쁨 알린다. 반짝이는 것은 나뭇가지에 매달린 과실만이 아니고, 들의 한창 꽃들도 그 식물들의 목을 축여 주는 강물도 은빛 반사로 눈부시게 한다. 소녀의 흰 치아 사이에서 새어 나오는 기도는 찬미요. 그렇게 보지 않았는데 꼬부랑 할머니 오늘따라 시샘 대신 주름 표정이 밝다.

딸이 차린 식탁에는 자리 하나가 비어 있다. 수저를 들기 전 주인은 저변에서 흐르는 애정을 실감한다. 무심히 지나칠 수 없는 그 눈시울에 과거를 회상하는 기색이 스친다. 일터에서 돌아오면 언제나 상냥한 눈빛으로 반겨 맞아주었던 아내를 그리는 추억이다. 아내의 청아한 웃음은 집 안의 즐거움과 행복 그 자체였었다.

제2부

너는 네 떡을 물 위에 던져라.
여러 날 후에 도로 찾으리라.

자연의 말

인생은 항상 증진만이 띄워지는 고양이 아니다. 극단의 생명은 짧다. 무분별한 확대는 제 욕심을 앞세운 과도이다. 가슴을 무겁게 짓누르는 이런 망상의 기분을 털어내려 세속에서 뛰쳐나온 것이다. 천천히 길게 호흡을 가다듬고 자연을 벗 삼아 나를 돌아보는 시간을 만끽한다. 한 걸음씩 내디딜 때마다 자연은 넓어지고 위로 들리는 시선은 오래오래 가락 맞춘 축복의 의미를 되씹는다. 아무런 말도 없는 푸른 자연은 조용하다. 졸고 있는 중이다. 조는 향내에 영혼이 신선하게 맑아진다. 침묵이 때로는 눈빛 깊은 공심을 대변하는 때가 있다. 인기척에 깨어난 자연이 말을 낸다.

"내실을 튼튼히 다지려면 자신부터 순수純水해져라. 변하지 않는 진정한 가치는 창의의 새싹이다."

복수심은 악도이다

    원한은 복수의 칼을 갈게 한다. 베풀었으면 그 선행에서 그쳐야지, 같은 값의 보답을 바란다면 의도부터 그 받을 셈을 하고 있었다는 뜻이다. 돈을 빌려 달라고 했을 당시 빌려주지 않았다며 두고두고 이를 가는 행위는 복수를 하고야 말겠다는 악의다. 많은 말을 내는 자는 실속이 부족한 사람이다. 미덕의 매력이 상생될 수 없다. 순수는 받은바 은혜를 감사로 베푸는 것이다.

    우리는 구약민수기에서 소개되는 아론의 지팡이에서 싹이 난 이야기를 잘 알고 있다. 움 다음 순이 나고 그 꽃 위로 살구열매를 맺었다는 그 중심적 의미는 하나님을 향해 쏟아내는 모든 원망을 그치게 하리라는 암시였다. 유대인들 사회에서 기나긴 몇 세기 동안 고전으로 읽히는 『체네레네』(요셉 벤 이삭 아슈케나 작, 1622년 판)에 이런 해석을 단 내용이 있다.

'아론의 지팡이 오른편과 왼편에 각각 하나씩 핀 열매 중 오른편 열매는 달콤했던 반면에 왼편의 열매는 쓰디썼다. 이스라엘민족이 죄를 지으면 오른편 열매는 색이 바라며 시들어갔고, 왼편의 열매는 윤기가 흐르며 먹음직스러웠다. 그렇지만 이스라엘민족이 경건한 모습을 보이면 반대로 오른편 열매가 생기를 되찾았으며 왼편의 열매는 보기 싫게 시들었다.'

죄악

인정으로 떠받들리는 특권
대우는 여태껏 한 번도 받아본 적이 없었다. 급박한 상황에
곧잘 내몰리는 가난생활의 특성상 근심 걱정 가시 날 없는 당
장의 풀칠 해결책으로 마치 훔친 것인 양 거리 한구석에 쭈그
려 앉아 한 조각의 빵을 허겁지둥 먹어 대느라 나를 잃고 살
아왔다. 사람들은 그의 성심성의를 내뱉듯이 무시하며 아무렇
게나 상대를 했다. 돈이 이웃들과의 원만한 관계를 끊어놓은
것이었다. 돈의 소중함을 실감했다.

불황은 아니나 그렇다고 호황기도 아닌 요즘의 시장기류이다. 오늘 진종일 판매한 물건은 저가 시계 하나가 고작이다. 적어도 진열 상품 10개 이상은 팔아야 일일 총 운영비 손해를 면할 수 있다. 그럼에도 그의 낯빛은 누가 그 손실 비를 보충해주기라도 하는지 언제나처럼 싱글벙글 밝다. 조금도 꾸밈없는 내면으로부터의 진실이다.

그의 하루일과 중 낮 12시부터 3시까지는 경건의 시간이다. 그 시간에 맞춰 출근한 아내에게 가게를 맡기고 신앙인으로서 최고의 삶인 기도와 공부에 매달린다. 실제(세상살이)와 우주와 세상을 주관하시는 하나님(이상세계)을 아는 영적지식과 균형을 맞추는 노력에 기울인다. 큰 부자를 꿈꿨으나 보이지 않는 그 어느 곳에서 물이 새 나가는 듯이 뜻대로 되지 않자 하나님께 맡기자는 결단 이후 지켜온 내밀의 시간이다. 그러면서 그는 오직 돈만을 좇는 목적은 하나님의 마음을 근심케 하는 죄악임을 깨달았다. 그저 살아있는 존재에 불과하지 않으려면 관용을 배워야 한다.

"너는 네 떡을 물 위에 던져라. 여러 날 후에 도로 찾으리라"(전11:1).

이위일체 삼위일체

　　　　　　　　　신학적으로 이위일체론은
하나님과 예수를 가리키고, 삼위일체론은 하나님, 예수, 성령
을 가리킨다. 이 해석을 일신론적 위상에서 가린다면 성부하
나님은 성민으로 선택되어 지키시는 이스라엘에 국한해서 회
전하는 그림자 없는 영의 말씀으로만 부각하였으나, 그 독생
자 즉 성부예수는 사람의 실체를 입으시고 사람으로서 땅의
소산물을 잡수시는 체휼을 통해 하나님과 사람을 중재하는
복음사역을 마치시고 하늘로 승천하시면서 인류에게 무형체
인 성령의 선물을 내리셨다. 성령의 그 실체는 예수의 열 한
제자들을 중심으로 마가다락방에 모여 기도에 전혀 힘쓴 120
명 성도들의 체험적 증언을 통해 이스라엘 경계를 크게 뛰어

넘어 이천여 년의 세월이 흐른 오늘날까지도 전 세계종교로 거듭 발돋움하고 있다.

징조

하나님의 관심은 지속적이다. 그러나 선민적 의식이 매우 강한 유대교의 신앙원리는 믿음이 아니라 율법주의에 맞추어져 있다. 그들은 안식일 준수와 할례 의식으로 기본적 진리만을 믿으면 된다는 신앙관을 가지고 있다. '엄격한 신앙심을 통해 스스로를 구별하는…' 범위에서 좀처럼 벗어날 줄을 모르니 기독교의 최 강점인 계시의 은혜를 달가워하지 않는다. 문자에만 의존해 있는 건 영적 삶이 무너지는 징조이다. 속세지식의 위험은 영적 의미를 퇴색시킨다. 그렇지만 이 한편으로 18세기 인물인 바알 셈 토브처럼 영적인 혁명을 일으킨 유대인도 있다. 한 일화에 따르면 기도를 하는 그가 얼마나 격렬하게 몸을 떨었는지 근처 통들에 담겨있는 곡식들도 함께 떨었다는 것이다.

빛을 내는 인상

       이쪽 벽에서 저쪽 벽까지, 바닥에서 천장까지 천국복음과 기도로 가득 찬 성전 안에 청각장애인 한 명도 섞여 앉아 있었다. 성령의 은혜에 취한 참석자들은 그 기쁨의 열광을 춤과 노래로 나타냈다. 단 한 사람 듣지 못하는 청각장애인만은 웬 미친 소란이냐며 이맛살을 찌푸렸다. 하나님은 우울한 기분에 눌려있는 모습보다 마음을 한껏 연 즐거움으로 인상이 반짝반짝 빛나는 모습 속에 머물러 계신다.

동참

보통의 기도는 성경 안에서만 붙들려 있을 뿐 그 소원은 하늘까지 상달되지 못하고 땅으로 다시 떨어진다. 왜 그럴까? 형식에 매인 습관 때문이다. 말투가 어눌하여 설명하는 표현력이 부족하다 할지라도 거짓 없는 진심은 누구와도 통한다. 하나님의 말씀을 듣는 것과 하나님 집에 양식이 있도록 물심양면으로 돕는 손길과 헌신적 봉사는 기도에 버금가는 복음 확장의 동참이다.

내적 행복

내적으로부터 나의 행복이라
인식되는 축복은 어느 정도 외부 환경의 영향도 미쳐 있다. 식
량걱정 덜게 한가을의 풍년수확, 전쟁의 총부리 겨눔 없는 평
화 등이다. 평화는 먹살잡이 싸움의 빌미인 허물을 화해로 풀
고 둘러앉은 식탁의 단란함이다. 지식은 책에서 얻고 지혜는
일상 삶에서 깨달은 산물이다. 하늘계시의 지식은 소란스러운
마음을 진정시키고, 하늘계시의 지혜는 영안을 깨운다.

외식

외식은 허례허식이다. 사람들에 환영을 받으려고 자랑을 늘어놓는 모방심이 강하다. 성질이 잠잠하지 못한 사람은 내공이 취약하여 은밀한 중에 계시는 주님의 음성을 들을 수 없다. 나무의 견실은 위로는 태양 빛을 흡수하는 무성 잎이며 아래로는 수분을 순환으로 밀어 올려주는 뿌리이다.

나 자신

　　　　　　자신의 처지를 남과 비견하
며 열등감에 눌리는 것은 자신의 존중을 낮게 보는 경멸이다.
나의 인정이 나의 힘이요, 나의 눈으로 사물을 보며 그 느낌을
말하는 것은 자신의 판단 적 기준이요, 나의 입으로 의사를
표출하여 상대방으로 하여금 그 대답을 내게 하는 것은 확고
한 신념의 반영이다. 웅덩이 채운 물이 앞으로 흐르듯이 본질
적 가치는 나만의 체계를 갖춘 위엄이다.

균형 맞춤

정도 이하는 수준 미달이다. 의지가 확고하지 못한 사람은 변명의 핑계가 많다. 생득이 굳세지 못하여 가벼운 바람에도 쉬이 흔들리거나 넘어진다. 무엇이 옳고 그른지 배경분별 취약은 세련 부족이라 어떤 일을 해야 하는지조차 모른다. 사전 준비를 못 한 탓이다. 자신의 기준을 배제해야 할 경우가 있다. 선물 준비에는 사랑하는 사람의 성향에 대한 충분한 이해가 중요하다. 만일 그 선물을 받을 대상이 친구 부부의 아이라면 그 체형에 맞는 신발을 보내야지, 어른 신발을 보내면 낭비했다는 싫은 소리를 듣게 된다.

관점

따뜻한 감정은 관점의 은혜를 느끼게 한다. 관점은 바라보게 하는 맞춤이다. 체험적 은혜는 그보다 더 열정을 높여준다. 은혜의 깊은 감사는 박해에 갇힌 속박으로부터의 해방이고, 그 힘에 떠받들려 확고한 신념을 다지며 사람다운 실체적 모습을 갖춰가는 모양새는 당사자의 의지에 따라진다. 신앙인들이라면 시간 맞춘 예배로 하나님께 표준을 둔 천성을 굳혀가는 성향을 보인다.

이성을 갖춘 신앙

이성이 먼저일까? 신앙이 우선일까? 이성理性은 사리분별로 인격을 갖춘 인간을 말한다. 사전적 의미는 '인간을 동물과 구별시키는 인간 특유의 뛰어난 능력'이다.

사람 됨됨의 인성을 가꾸는 높은 수준의 각고보다 하나님의 외적축복 환상에만 매달려 예수를 믿지 않아 구원 밖 이방인들을 지옥자식이라며 멸시하는 신앙인들은 교회의 대들보를 쇠락시키는 장본인들이다. 시장장사 성향 그대로 권세를 지니신 예수에 대한 정확한 논증이 깊지 않는 싸구려 입담. 옳다, 옳다 아니다, 아니다 가름하는 판단 미숙으로 군중심리만을 좇으며 함께 무너지는 맹신적 졸부행태. 강한 어조로 혈

거운 비 교양이 방정하다. 이성은 대우이다. 하나님의 자녀라
면 정당한 인격적 대우를 받아야 하지 않을까.

 듣고 싶은 달콤한 말만 빼 듣고 믿는 귀는 편견에 사로잡혀
남을 이해하지 않는 배척심이 강하다. 자신만의 주장이 옳다
며 무조건 따르라는 명령은 사회성이 아니다. 현숙함이란 자
신을 살피며 아무런 상관이 없는 잔치자리는 피해가면서 손의
수고로 소득 올린 식물을 강물에 띄우는 행실이다.

하나님께서 내리신 고통

하나님께서 쓰시겠다며 선택받은 사람의 성장과정은 좋은 반응일 수 없이 눈물겹도록 고달프다. 음식물을 먹여 줘야 육신이 기운을 차린다는 인간 보편을 앞세워 안간힘을 쓴다 해도 자신의 모습을 제대로 찾을 수 없는 연단의 고행은 끊이질 않는다. 세상 안에서 적절하게 적응할 만한 환경이 좀처럼 주어지지 않으니 매번 자포자기 심정에 빠져든다. 인간이 중심인 세상에 합류하고 싶어도 마음대로 안 된다. 인간이 인간에게 속할 수 없으면 죽음이나 다를 바 없다. 그러나 영이 허락하지 않아 그 시도가 소용없이 죽지를 못 하고 여전히 생명의 숨결은 내쉬고 있다.

인간은 땀 흘려 가꾼 땅의 소산물을 먹어야 목숨을 부지할 수 있다. 그런데 바벨로 왕 느부갓네살처럼 사람에게서 쫓겨나서 소처럼 생풀을 뜯어 먹으며 독수리 털에 손톱은 새 발톱 모양으로 기한이 채워지기까지 짐승 노릇밖에 할 수 없다? 이슬에 젖은 머리카락을 쥐어뜯는 지독한 괴로움이 아닐 수 없다. 고통에 짓눌려 있는 정신 상태는 정상일 수가 없다.

기력이 극도로 쇠약해진 그 은둔에 오랫동안 갇혀 지내면 자기로서 무엇을 이뤄보겠다는 꿈의 설계는 희박해진다. 대신 어쩌지 못하여 혹한의 갈등 속에서 언 입을 덜덜 떨 뿐이다. 그사이에 기존의 인연들은 절로 끊기고 자주 만날 수 없게 된 친구들과의 우정의 교류도 소원해진다. 국가의 혜택조차도 누릴 수 없을 뿐 아니라 그 철저한 분리의 높은 장벽으로 그 너머 세상조차 볼 수 없으니 한길 아닌 곁길도 갈피를 못 잡고 정처 없이 헤매야 한다.

하나님께서 본심으로 선을 그으신 장래의 계획이라면 인간은 그 무엇에도 절대 손을 쓸 수 없다. 임의로 진로를 만들어 나갈 수 없다. 하나님 품에 굳게 안기는 의지가 해답이다.

제3부

희망을 잃은 사람의 눈빛은 흐리다.

잃지 않는 희망

희망을 잃은 사람의 눈빛은 흐리다. 언어의 힘도 약하다. 병든 영혼이다. 호흡의 근원인 생기가 죽어있기 때문이다. 요즘 세대는 경제문제로 안전 없는 큰 시름을 앓고 있다. 물질소득은 가난의 고충을 덜어주나, 지식은 정신적 가치를 높여준다. 지혜는 명예를 높여준다. 세상이 혼란스러우면 사람들은 자기 자신을 잊고 그 전쟁 한복판 기세에 휩쓸리지 않을까 염원하며 지켜본다. 그러다 세상이 진정되면 전쟁 한복판의 일은 다 잊고 자기 일에만 걱정한다. 생각이 좁아지는 이유이다. 때때로 느긋하게 풀린 혼을 일깨우는 긴장이 필요하다.

영원의 불꽃

완고한 고집은 한계 안에 적당히 머물려는 자신만의 주장이다. 혼자 정한 안전과 안정의 영역이 이전에 겪지 못한 타인의 침범으로 흔들릴 것을 가상하여 경계심 높여 꺼리는 관계 회피이다. 불안이 일종에 불신의 한 몫임을 감안하면 부정과 트집의 장벽을 세우는 것은 개인적으로는 정상이다. 그러나 그 범위를 넘어가지 않겠다는 소심한 완고는 개선의 여지를 끊은 영혼의 정지와도 같아 아침까지 간수하면 벌레가 생겨 다시는 먹지 못하는 일회성 하늘의 만나에 대해 말할 자격을 잃게 된다. 영혼에게 영생을 누릴 가치가 있는지 묻는 것은 구원의 신앙만은 끝까지 놓치지 않겠다는 고백 성 의지이며, 인간의 최고의 복인 웃음은 영혼의 불꽃이다.

평등에 선 사람

아이는 보는 눈이 어려 놀라는 충격을 무서워한다. 처음의 미약은 나이 먹는 시간에 맞추어 몸에 밴 습관이 된다. 겉으로 그럴듯해 보이는 배우 흉내 역시도 지속적이면 제 성향의 색깔로 굳어진다. 좋은 것도 나쁜 것도 별 차이 없이 똑같아 보인다면 평등에 선 사람이다. 좌우로 치우치지 않는 눈은 정심貞心을 잡았다는 뜻이고, 이 바탕에는 광을 내지 않은 복장으로 걸음걸이가 부담스럽지 않는 평안한 평정심이 있다.

차분한 밝음

보석으로 장식된 사치스러운 집에서 살 것인가? 재물에 눈이 먼 무리들이 아부로 따라붙는 호의호식 탐욕은 어깨에 교만의 힘이 실려 있다. 그 탐진의 오도에 빠져 미처 몰랐던 사악이 아부꾼들의 농락에 놀아났다는 사실을 깨닫는 순간부터 황홀시대에 재갈이 물리는 몰골현상을 보게 된다. 떠받드는 헹가래에 그저 들떠 판단을 그르친 결과의 참패 모습이다. 절제의 원칙을 잃고 위장 쓴 위엄만을 의지했다가 아래로 떠밀린 장례식 현상. 눈을 들어 맞서 줄 대상이 사라져 버렸으니 땅을 칠 수밖에 없다.

검소한 생활은 눈높이가 낮아 평화롭다. 내 시간 내 목소리로 이웃들에 힘이 되어 주는 공존은 필요만큼만 소유하려는 사람들의 평정을 사랑하는 온기이다. 사회를 든든하게 떠받치는 차분한 밝음이다.

낙망의 원인

사람은 누구나 결점을 안고 있다. 필자처럼 어느덧 늙은이 취급을 받는 인생황혼의 노인들은 변화를 두려워한다. 오랫동안 다져진 생활방식의 애착이 워낙 강해 나태가 게으른 소심인 줄 모르고 시대변천과 무관하게 처음 시작한 그대로 눌러 사는 것을 고집한다. 이러한 증세는 성격적 반영인데 자기 불만이 그 원인으로 작용한다. 심층적 분석으로 불만은 정신적 불균형인 낙망이고, 뜻대로 일이 풀리지 않는다는 막연한 불안정이다. 이런 기분에 사로잡혀 있으면 경솔한 행동을 나타내고 노력에 비해 성과가 미미하다 싶으면 나이에 지친 자신의 무익을 탓하면서 수치스러움을 끌어안는다. 그들은 그나마 남겨둔 자신의 엎치락뒤치락

소망에 명령내림을 무서워한다. 복종이 쉽지 않기 때문이다.
까닭에 탈출구를 찾지 못하고 만다. 머뭇거리다 혐오감에 빠
져 영혼을 병들게 한다.

오래 산 나이 말고

　　　　　　　　　　　　　돈과 사치를 향해 돌진하는
사회를 등지고 인생의 성취는 은거隱居에서 이루어진다는 확신
을 품은 필자도 간혹 낮과 밤의 경지를 가르는 시간의 권태가
없는 상상을 그려보곤 한다. 그러나 일초마다 내쉬는 호흡은
시간 속에서 살아가는 피조물임을 여실히 인식하게 한다. 경
건한 참을성에서는 도무지 벗어날 수 없이 하나님의 섭리 적
가르침이 있음을 상기한다. 양심이 가장 떳떳하면서, 안전 비
용이 적게 들면서 정신적 재산이 차곡차곡 쌓이는 은거는 자
격 없는 사람도 쓸모 있는 고매한 영적사람으로 거듭나게 한
다. 약초를 먹었거나 만지지도 않았는데 그 냄새만으로도 효
험이 있듯이 군중의 함성을 등지고 경건한 고독을 택한 은거

의 은택은 이토록 영적 범위가 넓고 깊다. 오래 산 나이 말고 젊은이들의 가슴에 격려되는 미덕의 가르침 있는가?

오두막집 한 채

나라사회가 지향하는 지상 목표는 경제대국이다. 땅의 소산물을 먹는 모든 생명들은 먹지 못해 허기에 시달리면 정신이상을 보인다. 남의 것을 훔치는 도둑질이 성행하는 무법천지 사회는 행랑인들, 병자들, 굶주린 아이들, 약수터에서 물 한 통 먼저 받겠다며 앞사람을 밀어제친 양심적 죄책 없이 악다구니 쓰는 아낙네 등으로 잠시도 잠잠할 날이 없다. 열등감에 짓눌려 자의식마저 상실한 불한당들이 휘젓고 다니니 지옥이 따로 없다. 사실 아닌 뜬소문 오해도 미래를 어둡게 하는 불길의 한 몫이다. 그들의 구제방법은 두 발을 쭉 뻗고 편히 살 수 있는 오두막집 한 채라도 갖게 함이다. 주거는 안정의 중심이다. 이성이 바로 서야 꿈과 희망이 넘치는 친절이 나온다. 더 나아가 국가 안위의 기틀도 된다.

만족

　　행운에게 버림받은 사람은 눈물의 세월로 지낸다. 가욋돈 수익 한 푼 없이 회사근무 급료로만 살아가는 형편이라 부만 보면 어쩔 줄 모르는 얼에 빠진다. 신발과 옷은 제 신체에 맞아야 편안한 법. 좁디좁은 공간이라 할지라도 거친 불만 아닌 부드러운 이성을 앞세운 기술적 용도로 살림살이를 배치한다면 적어도 내 집에서만은 부를 누리는 것이다. 가난으로 영락하지 않다 정도는 만족이다. 소득수준에 맞춘 절제는 부자로 자라가는 출발점이다. 허기를 달래는 정도의 식사량. 갈증을 풀어주는 한 모금의 물. 검소를 친숙하게 받아들인 모습이다.

행복은 내 안에 있다

운명에 매여 있는 우리 인간의 인생. 누구는 영적경지에 오르려는 기도에 매여 있고, 누구는 황금사슬에, 누구는 높은 관직에, 누구는 미천한 출신으로의 고통을 짊어지고 있다. 삶의 목적은 행복이다. 그 행복을 정격正格으로 삼으려 종교심을 키우고 별개의 도덕적 계명을 짜내세운다. 그러나 사람들의 일상사 표정은 그다지 행복해 보이지 않고 온갖 근심거리로 어둡다. 고된 환경을 인내로 참고 견디는 마음의 조화가 생성되어 있지 않기 때문이다. 먹고사는 문제에 쫓기는 현대인들의 오늘의 상이다. 그 문제의 해결책으로 누구는 낭떠러지 위험을 감수한 절벽 위에 서 있고, 누구는 돈에 매인 종살이가 싫다며 허무한 눈물을 쏟아낸다.

욕망은 멀리 쏘다니는 성질을 안고 있다. 행운이 반겨 맞아
줄 리 만무한 최상의 유행만을 좇기에 자신이 누구인지를 망
각하고 허상의 행복을 찾아다닌다. 행복은 바깥 아닌 내 안에
있다. 한껏 부풀린 욕망을 절제로 끌어내리고 평균 수준에 맞
춘다면 얼마든지 발견할 수 있는 깨달음이다.

생명을 경외하는

　　　　　　　　　　다른 사람의 사정은 아랑곳
하지 않고 무작정 사납게 덤벼드는 자는 참을성이 없는 사람
이다. 상대방의 노여움을 불러일으키는 척박한 마음의 반영이
다. 영혼이 메말라 행실을 삼가지 않는 비뚤어진 무지이다. 자
신의 괴로움으로 남에게 피해를 입히는 어리석은 행태이다.

　사회성 욕이 난무하고 있다. 크고 작은 사고·사건이 끊임없
이 이어지고 있다. 나라의 미래를 짊어질 초등생들의 말투도
어른들을 닮아 불경스럽게 거칠다. 나라 장래가 걱정스럽다.
관계성 신뢰는 이미 무너졌고 또 붕괴조짐을 안고 있다.

품종이 뛰어난 향 짙은 과일은 건강한 나무에서 얻어진다. 복의 열매는 명철의 입술에서 나온다. 사람의 유순한 미소는 사모함인데 날로 좁아져 가는 그 밝은 희망 빛마저 온갖 원망의 목청에 삼켜지는 것이 아닐는지.

가거라. 선량의 미덕이 실종된 패망의 교만이여. 시인은 생명을 경외하는 노래로 캄캄한 지옥세계 물리치리.

현실의 무기

침묵에는 형상이 없다. 무념이기 때문이다. 귀를 기울여둔 마음의 동요에 따라 형상의 그림을 그려내는 것은 자신 몫의 생각에서 비롯된다. 모든 사람의 삶을 나의 방식대로 뜯어 바로 잡겠다는 열망은 사려 깊지 못한 부풀린 이기심이다. 변치 않는 진리의 모든 가르침은 성경 안에 들어있다. 말이 많은 자는 참견을 좋아하고 하늘의 지혜는 혀를 깊이 감춘 침묵의 기도에서 샘솟는다. 활동량이 적으면 그만큼 운명이 쏘아대는 화살을 덜 맞으나 겉모양의 장식으로 꾸민 가식은 불안전하여 신뢰를 무너트린다. 선행심은 상대방의 안색을 밝게 하고 신심이 강한 사람은 자신을 돌보는 의무를 다하기에 하나님 앞에서도 당당하다. 꿈은 현실을 일깨우는 강력한 무기이다.

희망

인생은 부딪침에서 성장한다. 과거를 함께 공유했던 그때 그 사람과의 기억의 충돌일 수도 있고, 현안을 둔 견해차로 사이가 벌어질 수도 있고, 절대 물러서지 않겠다는 혈기 대 혈기와의 머리 터지는 외다리 염소싸움일 수도 있다. 그 음양의 공통점은 저마다 주어진 삶의 주도권은 빼앗길 수 없다는 희망을 안고 있다는 긍정이다. 삶 속에서 만신창이로 입은 실패의 상처가 아물도록 치유해주면서 가슴을 펴게 하며 앞으로 힘차게 뻗어 나가게 하는 희망의 단어, 진정 송아지 뛰는 기쁨이 아닐 수 없다.

생명의 신음

               일이 풀리지 않으면 초조의 긴장이 높아진다. 깨닫는 등불의 지각을 지닌 인간만이 잘하고 싶었는데… 끙끙 앓는 생명의 신음이다. 가슴속에서 시름시름 앓는 병 잊을 놀이할 공간만이라도 있다면 그까짓 골치 아픈 근심쯤 쉬 망각할 수 있겠으나, 현실은 한 치 앞도 내다보이지 않게 절망적이다.

지능이 떨어지는 바보와 어린아이는 거짓말을 못 한다. 그
대에게 딱 맞는 나의 대답은 모든 것을 소멸한 사람은 더 이
상 옛 영화의 힘을 쓸 수 없으므로 환경적 겸손에 젖어 든다
는 것이다. 다툼을 내려놓은 겸양한 자는 하늘은혜의 기회가
가깝다.

악덕

결과가 없으면 그 노력은 허탈로 남게 된다. 남아도는 시간을 극장 또는 주색 쫓음에 흘려버리는 분주는 쓸데없는 짓거리다. 남의 놀이를 기웃거리는 그 행보는 부지런함이 아니라 현실을 곡해하는 착각이다. 아무런 관련이 없는 남의 사적인 비밀을 캐겠다며 은밀히 엿듣는 행태는 실익 없는 간첩행위일 뿐이다. 하나님의 형상대로 지음 받은 인간은 생존의 본능으로 먹이사냥 시에만 뛰는 네 발의 짐승과 달리 이성의 주관을 가지고 있다. 목표를 말하는 것이다. 현혹된 마음은 무가치함을 꿰뚫어 보지를 못한다. 지각이 막혀 그 속에 휩쓸려 정작 해야 할 일, 즉 자신과 마주 앉아 나는 누구인가 묻는 회고를 등한시한다. 이상한 점은 집에서 가장 만나보기 힘든 사람은 바로 자기 자신이라는 눈가림이다. 평정을 깨는 근접의 악덕은 자제를 잃은 변덕이다.

대지의 수태

조용히 살기를 원하는 사람은 공적이나 사적으로 일정한 거리를 두는 것이 좋다. 밖이 시끄러우면 안도 동시에 본의 아닌 그 소음을 듣기 마련이다. 시대의 아류에 떠밀려 비록 말석일지라도 두 다리 쭉 뻗고 정원 너머 꽃무리 향기 맡고 있다. 남이 가리키는 어떤 물질적 사물을 운명과 상관없이 혼란스러운 정신머리로 건너봐야 했던 일전의 감정 누르는 괴로움이 사라졌으니 보고 듣는 모든 것이 수수께끼처럼 신선하다. 값없이 누리는 지금의 행복을 방해하는 대상은 아무도 없다. 누군가가 귓속말을 하기에 돌아보니 영혼에 흥을 돋우는 바람이다. 실로 오랜만에 되찾은 우정이라 반갑게 끌어안는다. 그 안에서 숨 쉼 하는 대지의

수태인 생명의 씨앗 소리를 듣는다. 단계적으로 차츰차츰 힘
이 자라며 새순 다음 꽃가지 위로 여물어진 가을열매를 본다.

내일까지

숙제 중의 숙제인 인생의 정답을 찾으려 나의 영혼이 나의 걸음을 재촉한다. 발자취를 남긴 생의 의미를 새삼 되새기며 뒤를 돌아본다. 하나님께서 내리셨다는 예측·예감·감격·영험과 달리 잡힐 듯하다가도 번번이 빗나간 지난날들의 좌절. 기다리지는 않겠으나 내가 갈망하는 그 목적의 환상세계는 어디엔가 존재해 있을 거라는 믿음의 희망만으로 멀고도 먼 그 아득한 불모지의 해답을 찾아 헤맸던 무전여행은 때의 기한이 차지 않아서인지 절망, 상처, 방황, 두려움에 떨게 한 모퉁이의 언덕일 뿐이었다. 나그네의 길은 그토록 갈 바 잃은 허황된 미로였었다. 분명 앞만 보고 나간 외길은 잘못된 행보가 아니었음을 확실히 밝혀둔다. 몇 걸음만 더, 아니, 내일까지 찾지 못하면 생계로 돌아가자.

사랑의 몫

적대자가 없으면 미덕은 무력해진다. 나를 사랑하고 그 사랑으로 삶을 지향하라. 나를 사랑하는 사람은 결코 자신에게 해악이 될 나쁜 짓거리 따위는 하지 않는다. 사랑은 자신과의 화목이다. 그 기질로 구덩이에 빠진 사람을 향해 손길을 내밀어 끌어올려 주는 생명 존중을 보인다. 사랑은 평등이다. 사랑은 성장을 키우는 가꿈이다. 장인 정신으로 주어진 오늘의 일에 원칙을 지켜낸다. 사랑의 진가는 위기에서 드러난다. 사회적 욕망은 안정된 소득을 가로채려 호시탐탐 기회를 엿보고 있다. 그 매력적 유혹에 속지 않으려 자신 보호에 긴장의 경계를 세우는 게 자신 사랑의 애무이다. 순수한 사랑은 은은한 햇살이라 모두가 공감한다.

험한 인상도 펴게 한다. 사랑의 힘이다. 위선자일수록 언행을
꾸민다. 그 포옹도 감정의 예술인 사랑의 몫이다.

별빛 밤 아가씨

덤불 속에 서늘한 공기 감돈다. 별빛들 밤이라 더욱 감미롭게 차갑다. 아프다며 내내 누워 시간을 보낸 아가씨 꾀병 부렸었나. 잠결 몽상 온데간데없이 두 팔 벌려 달려가는 통통 발걸음 환하게 힘차다. 낮에 다녀간 시인 할머니 다음으로 찾은 자매, 소리 죽여 다가선다. 흰옷빛 물결에 어둠 물러간다. 애욕에 찬 평화가 넘실거린다. 아득히 먼 높은 곳으로 눈길을 쳐든다. 별을 따다 덤불숲에 걸고 싶다는 여심의 기색 흘린다. 현명하다고는 할 수 없으나 미남자 그리는 호기심 싱그럽다.

고운 숨결

오염된 공기가 나의 폐 병들 게 한다. 죽을병일까? 괜스레 걱정이 앞서진다. 산책하는 사람들마다 마스크를 썼다. 인파가 정신 피곤함에 시달리게 한다. 교외로 나와 푸른 자연을 마주한다. 봉우리 절벽바위 사이로 구름이 가볍게 떠 흐르고 있다. 그곳으로부터 발원되는 맑은 산수山水, 넘실넘실 비벼 대는 개울 물결로 잠든 영혼 일깨우는 생명의 노래 들려준다. 줄기 가는 수직 폭포. 소풍 나온 두 모녀 한 손에 들꽃 쥐고 조약돌 쫓는다. 평화로운 초원의 고운 숨결이 주변을 보호하고 있다.

여자의 운명

아기가 자고 있다. 그 귀여운
영혼은 빛의 밝기를 더해 준다. 천사가 따로 없다. 그사이 엄
마는 차를 마시며 창밖을 내다보고 있다. 잔디를 푸른 빛 색
으로 한창 물들이는 소생의 은빛이 한가롭다. 천상의 건강이
그 안에서 평안의 숨을 내쉰다. 오늘의 엄마이기에 앞서 과거
의 나도 엄마 젖을 빨았던 갓난아기였었다. 외따로 한 생명의
기둥뿌리는 그 자궁에서 태어난 것이다. 또한 나 역시도 남편
의 정자를 받은 내 몸의 자궁으로 한 아이를 낳아 키우고 있
다. 여자의 운명은 이리저리 붙들려 매이는 시간이 아주 많
다. 잔병치레가 잦은 이유이다. 그럼에도 자존의 희생치고 가
치 영역이 쥐어 보는 물질로나 만져지지 않는 비물질 환경으

로나 매우 비좁다. 목구멍 아닌 발뒤꿈치로 숨을 쉬고 있다. 태식胎息의 호흡이다.

봄볕 그림자

한낮의 봄볕 햇살은 온화하
다. 산꼬대* 추위에서 한숨 돌린 나들이객들이 너나없이 희망
에 들떠있다. 새순 향유 은은하게 고운 수목들 사이사이 길을
따라 오르며, 가쁜 숨 몰아 내쉬며, 낮게 떠 흐르는 조각구름
에 손짓거리며 원기를 회복한다. 온 사방에서 자라는 생동의
삶을 정상에서 두루 둘러보며 예감 좋은 영혼의 정신으로 산
에서 산을 넘나든다. 간혹 뒷걸음질 치게 하는 변덕스러운 방
해꾼 사월의 바람이 문제다.

---

* 산꼬대: 밤중에 산 위에서 부는 추운 바람.

양지바른 장독대에서 고양이가 조는 어느 집 유리 창가에 우죽*을 갓 띄운 오동나무 그림자 어른거린다. 상냥한 미소로 건강한 눈길을 보냈던 태양이 가라앉는다. 거품음료 마시며 일찍 핀 라일락 향내에 그윽이 취해 있던 아가씨가 빨랫줄 옷가지를 걷어 안으로 들인다.

---

* 우죽: 나무 꼭대기 줄기.

항변

                    수명 제한 속에서 길을 쉬잃는 인간들의 기도입김의 응답이라며 구름을 거둬 잠시잠깐의 태양을 보게 하고, 그 감사 담은 두 손의 동냥으로 연명책을 세운 오만의 신. 나더러 너를 존경하라고-? 한동안의 침묵으로 잊고 있었기에 살려둔 그나마 신뢰마저 깨트리는 그 능란한 속임수, 후각이 뛰어난 개 꼬리치는 몸짓으로 뀐 방귀 날리며 피할 눈치부터 굴리게 하는 속 비춘 술책이 아니던가. 무엇이 아쉬워, 무엇 때문에 내가 너를 향해 무릎 꿇어 도움을 요청해야 한단 말인가? 무거운 짐에 억눌려 제대로 일어설 수 없도록 끙끙 앓고 있었을 때, 그 고통 덜어 준 적 있었는가? 비웃으며 방관하지 않았던가. 어떤 불안에 떨고 있었을 때, 그 눈물 씻어 준 적 있었는가? 무수한 시간을 함께해온 나이의 세월이 나를 위로하며 남아로 단련케 하지 않았던가. 내가 아는 지금까지의 너는 위장일수록 사전 준비로 외워둔 달변을 좀처럼 그칠 줄 모르고 마구 떠들어댄 것이었다. 그러니 거짓말을 입술에 아예 붙여둔 너를 내 어찌 들고나는 정체 몰랐던 초심의 믿음으로 따를 수 있겠는가. 착각하지 마라. 네 말을 듣지 않겠다며 너에게 보내는 나의 항변은 목을 딴 가시엉겅퀴 던짐이다.

자초

향유가 독의 고통이 되었는
가. 마신 사랑의 잔이 경멸의 물약이었던가. 스스로의 비난으
로 살육의 기치를 들고 자신의 가치를 사나워진 혈기로 파괴
하는 그대여, 스스로 저주를 받겠다며 서둘러 지옥의 문마저
닫게 하는 천둥의 벌을 불러들이는 그대여, 탄식 지르는 그
잘못 타인에게 돌리지 말게나. 그러다 그대보다 더 힘이 센 사
탄의 이빨에 잡아먹히지 않을는지.

온갖 형상들 저 멀리 피하고 어스름 햇불마저 꺼져 그나마 길도 찾을 수 없이 칠흑 어둠에 덮였구나. 산림이 떨며 숨결을 끊는다. 파멸로 내달리는 쇠사슬 자초에 너무 놀라 피가 멈춘 것이다.

환상

세월에 쌓인 내면의 창의력이 나의 감각을 통해 울림으로 드러난다. 더듬더듬 협소한 손가락 끝에서 성소聖所 제단에서 흘러나오는 생수의 상상을 시로써 그려낸다. 색상 서두의 표현이 형체 불분명하게 녹색 짙게 파랬다가 불타는 빨간 유황불이었다, 차츰 성전 뜰에 엎어져서 숨도 쉬지 않는 사람들의 환영에서 멈칫 떤다. 무수한 그 시체들은 십자가 지는 신앙경지에 오르겠다는 기도보다 물질우상 좇는 생떼로 분노를 참지 못하신 하나님의 징계로 한날한시에 떼죽음 당한 거룩한 영혼들이다. 그 주변에는 그들이 사치로 치장했던 그들의 값비싼 금잔 같은 물품들이 어지럽게 나뒹굴고 있었다. 화려함에서 떨어진 꽃들의 썩은 악

취는 풀 퇴비보다 더욱 지독하다. 파리의 우글우글 구더기들
이 그 몸속으로 드나들고 있다.

짐승의 혼

즐거움의 원초에는 고뇌의 뿌리도 동시에 묻어져 있다. 편견이 강할수록 정신적 고통은 그만큼 깊어진다. 사변이 사물의 분별이건만 물욕만을 좇는 현대인들은 철학의 가치를 잃고 이리저리 휩쓸려 다닌다. 타오르는 불 바퀴 떨어져 나간 줄 모르고, 그 사고로 한편으로 기운 마차와 함께 길바닥에 내동댕이쳐진다. 굴복은 싫다. 그 허세로 실마리 상상조차 그려지지 않는 맹신으로 돌진한다. 목표 없이 갈 바를 몰라 갈지자로 헤맨다. 사막의 전갈에 물려 시름시름 앓아눕는다. 하다, 하다 흐려질 뿐인 전망이 내다보이지 않자 복술을 불러 그 암담함에서의 운세를 묻는다. 짐승의 혼이 땅에서 솟아오르며 화, 화, 화 소리친다. 기겁을 먹고 산들과 바위에게 제발 하늘 진노에서 숨겨 달라 매달린다.

경주

귀가 멍멍해지도록 얻어맞으며 틀 잡은 행복은 한 대의 주먹 가지고는 쓰러트릴 수 없다. 지독한 불운 시절에 이미 살을 굳힐 대로 굳혔기에 웬만한 도발성 위협에는 눈도 깜박거리지 않는다. 자신에게 지지 않겠다는 정신일념의 면역이 길러낸 힘이다. 그 당시 그는 어느 쪽으로 기대든 상처의 고통 위에 누웠었고, 그 덕분에 북치고 장구 치는 일락의 쾌락을 좇는 유혹에 말려들지 않을 수 있었다. 삶의 승리는 처음부터 빠져나갈 궁리를 세우고 대충 넘겨짚은 자에게는 외면으로 지나친다. 운명을 걸고 최선의 노력을 경주한 자에게만 그 미소를 지어 보인다.

절제부족

얼마나 많은 길을 걸어야 인간이 될 수 있을까? 사람이 되는 과정은 쉽지 않다. 교육이 사람을 만든다고 하나 교육 수준이 높다는 사람들 중에서도 기질이 나빠 가족이나 사회에 해악을 끼치는 성질 자는 얼마든지 많다. 사람이 됐다는 인정의 기준은 상대가 거북하지 않도록 적당한 거리를 둔 경우를 말한다. 사람들이 많이 모이는 공공장소의 예를 벗어 던진 무질서한 문란은 눈살을 찌푸리게 하는 행태이므로 인간 이하의 취급을 받는다. 절제부족은 화를 불러들인다.

죽음과의 키스

역경을 치러봐야 세상을 이기는 힘이 강해진다. 매질을 받지 않는 늘 평안은 참 행복이 아니다. 긴장의 끈을 놓은 나태한 평온은 불행의 씨앗이다. 겉보기와는 달리 고결한 정신과는 무관하게 허튼 공상에 잠겨 참과 거짓의 경계선을 잊고 산다. 어떤 일도 일어나지 않기를 바라는 취생몽사醉生夢死에 잠긴 나른한 심약 체질이다. 이런 환경에 오랫동안 젖어 있으면 자신을 쓰다듬는 사랑마저도 식어 버린다. 생기가 마른 가슴에는 웃음도 메말라 있다. 죽음과 키스를 나누는 쓸쓸한 냉기의 모습이다.

나부터

무릎까지 꿇게 하는 인생 무게에 힘들 때 흘리는 눈물은 살아 숨 쉬는 아픔이다. 그 눈물을 닦고 바라보는 태양빛 미소는 억만금으로도 살 수 없는 평화이다. 심신이 힘들 때의 기도는 큰 위안으로 다가온다. 하나님의 정신이 빛나는 생명의 영혼이 돌 틈 사이에서 사이좋게 활동하는 모습을 본다. 내 안의 생명은 내가 깨워야 한다. 그 영혼의 불꽃이 꺼지지 않도록 돌보는 것도 나의 생명이 할 일이다. 내가 주기 전까지는 나를 보인 사랑이 아니다. 나부터 한 사람씩 사랑으로 껴안고 싶다.

하나씩의 생명

인생을 준비하다 채 피우지 못한 인생을 마치다. 약한 것은 부서짐을 안고 있다. 겸손 하라, 하지만 너무 착하면 약함으로 보인다. 습관이 무서운 것은 본질과 달리 천성으로 굳어지기 때문이다. 지식, 믿음, 기타 자료들로 생각의 집을 지어 올린 온갖 경험으로 존재를 위장한 삶이다. 영속은 개체 개체를 전체의 하나로 묶는 것이다. 모든 사물들 속에는 그 하나씩의 생명이 있다. 하나님의 열린 가슴의 숨결이다.

일상

아주 작은 습관의 힘. 내가 대체 누구인지 알지 못하여 떠난 여행. 세상에서 일어나는 모든 일들을 보는 나의 눈, 사물들의 온갖 소리들을 듣는 나의 귀이기에 모든 것이 나의 소유라 우기는 나. 실상은 아무것도 손에 쥘 수 없는 꿈일 수밖에 없다. 꼭 어떤 사람이어야 한다는 멍에는 지고 싶지 않다. 꼭 어떤 일을 해야만 한다는 의무감도 일지 않는다. 맛의 집착, 어떤 지식에도 매여서는 안 된다는 울림이 나를 정지시킨다. 그럼에도 일과를 마친 후 씻고 눕는 일상은 바뀌지 않고 반복되고 있다.

종양

불운했다는 지난날들의 반
자유 여독이 풀리지 않은 탓인가. 현재의 삶을 푸념하며 미래
에 대해 절망하는 한숨은 한탄이다. 이런 인물이 되고 싶었다
는 불안의 부자유가 안겨준 분쟁의 여운이다. 필요에 따라 주
변에 대해 알아야 한다는 것은 사회적 통념이다. 정말로 필요
했던 욕망이었는지 묻고 싶다. 과시가 채워지지 않았다면 낙
맥에 떠는 것이 사람의 약함이지 않는가. 그때에 모든 것을 떠
나 전혀 낯선 곳에서 소유욕을 내려놓았더라면 종양은 자라
지 않았을 터인데…. 타인에게 매이지 않고 자신이 자신의 주
인인 줄 알았더라면 오늘의 운명 흔들리지 않는 평온이었을
터인데….

안전보장

　　　　　　　　　　　　내 말을 가둔 침묵, 열린 귓
속으로 맑은 가락의 시냇물 소리 듣는다. 나의 것으로 붙들지
않고 바라만 보니 아득히 먼 푸른 하늘 응답을 들려준다. 분
주히 뛰는 인생 자들이야말로 가장 성의誠意 없는 삶을 산다.
그들은 음악을 귓전으로 흘려들으므로 선율을 모르고 정서
가 메말라 있으니 제대로 해내는 일 역시 아무것도 없다. 사
랑은 제쳐 두고 둘을 하나로 묶어두면 영원히 자신의 소유라
며 놓지를 않는다.

인생은 구속 없는 자유를 누릴 때 살아 있는 창의력 기술을 발휘하는 법. 참나무와 삼나무는 조밀한 지역 내 그늘 속에선 자랄 수 없는 법. 함께이되 거리를 두고 맞춘 눈은 안정이 보장된 성장 생활.

영감의 힘

소망만으로 이루어지는 건 극히 적다. 풍성한 결실의 소망은 땀 흘리는 일에서 키워진다. 난해한 모호는 이해가 쉽지 않아 성마르게 한다. 발버둥 쳐도 모종의 기미가 보이지 않는다면 당장의 해답보다 좀 더 자신을 숙성하는 담금으로 기다려야 한다. 이럴 때일수록 떠드는 여러 말 듣는 것을 삼가야 한다. 혀 놀림이 달콤한 농락 자에게 자신의 인생이 송두리째 빼앗길 수 있기 때문이다. 고기를 덜 먹고 때를 기다리는 숭고는 고통을 녹인다. 인내는 미래의 기반을 든든하게 다지는 영감의 힘이다.

우정

때마침 적기에 자신에게 맞추어진 문제 해답은 환영으로 반긴다. 좋은 일은 믿음의 신뢰가 장착된 안정적 환경이다. 우정에서 존경심은 관계의 중심축이고, 그 차별 없는 공존 속에 서로를 옹호해주는 둘의 관계는 미덕의 조력자로까지 발전한다. 미덕은 협력의 목표를 함께 그려보게 한다. 우정은 지배 아닌 평등이다. 과도한 우정은 그 어떤 불쾌감을 안겨준다. 가르치려는 의도는 친구의 우정을 가른다. 심리 부담의 불편을 끼친다. 우정의 최고의 가치는 마음이 놓이는 영혼의 평정이다. 반대로 집안에 좋지 못한 현상이 들이닥치면 죽음을 내몰듯이 바깥으로 극구 내쫓는다. 죽음은 때와 장소, 나이를 가리지 않는다. 그러나 나이 적으로는 희망을 향해 달리는 젊은이들보다 오래 산 공로로 누릴 거 다 누려본 노인들이 죽음에 더 가깝다. 현명한 사람은 죽음을 평온으로 맞으나, 어리석은 자는 두 눈을 부릅뜨며 방해를 친다. 죽음은 한 인생의 종말이다. 끝은 이전의 날로 돌아갈 수 없이 사라져버린 것이다.

평생지기

값비싼 그릇 장만보다 여간 해서 관계가 깨지지 않는 평생지기 만남이 인생의 빛이다. 세 상은 물질에 물질로 이루어져 있다. 비 생명체인 그 물질은 자 연에서 재질을 받아 만들어진다. 하여 비 생명체인 물질의 의 지보다 누구에게든 차별 없이 동등하게 대해 주는 자연을 벗 삼는 것이 심신의 위안을 크게 받는다. 자연은 아끼며 애정을 쏟는 만큼 적확한 생명으로 보답한다. 언제나 공기가 신선한 자연은 배신을 하지 않는다. 하나님의 계시를 숨결로 느끼게 할 뿐만 아니라 노동에 지친 눈의 피로를 풀어주기도 한다. 또 한 기도의 응답인 신탁이 명료해지면서 병세도 치유해준다. 악인이 오랫동안 자연 품속에서 머물며 성질이 차분해지기도

한다. 알쏭달쏭한 비 생명체인 물질이 감히 따라갈 수 없는
우정의 요체要諦가 아닐 수 없다.

사랑의 호의가 자연을 닮았듯이

신체 불구와 마찬가지로 영혼의 불구도 넘어지게 하는 버릇을 안고 있다. 불구는 약함이다. 사회생활의 불편은 직속상사가 남의 회사 기밀을 빼 오라며 어쩔 수 없이 눈치껏 실행에 옮겨야 한다는 서러운 눈물을 삼키는 일일 것이다. 만일 상사 위치에 선 당신에게 부하 직원에게 그 지시를 내리겠느냐는 물음에 돈 되는 장사인데 못할 것 없다는 답변을 내놓는다면 영락없이 부도덕한 불경이다. 선행은 폭리를 취하지 않는다. 폭리로 도움을 줄 누군가를 확보해두려는 의도를 품고 있다면 그는 선의의 기원을 낮춰보는 사람이다. 선의는 부정이 끼지 않은 무해이다. 사랑의 호의가 자연을 닮았듯이….

미덕

미덕의 웃음은 선량하긴 하나 최고선의 기쁨은 아니다. 그 이면으로 남과 비교하는 열등 부분이 실려 있다면 순수성은 반값으로 낮아진다는 뜻이다. 미덕이 아름다운 것은 어둠을 밝히는 빛이기 때문이다. 미덕은 현 운명을 호들갑스럽게 불평하지 않고 당한 해악을 선하게 해석하며 성숙으로 받아들인다. 미덕은 자신을 지켜내는 높은 성벽임과 동시에 성산聖山을 오르는 힘이다. 미덕의 중심 무게는 하나님께 오로지 순복이라는 신앙에 두고 있다.

두 씨앗

좋은 말, 좋은 생각으로 편안한 미소를 머금은 미덕으로 존중받는 선善 속에서도 생명을 암암리에 살해하는 독毒을 문 악惡의 씨앗이 함께 자라고 있음을 명심하자. 다만 타락으로 유도하는 그 악에 동의나 동요하지 않음에서 선이 돋보이게 된다는 점도 상기하자. 모양새가 극도로 예쁜 꽃일수록 수명이 끝나 땅에 떨어지면 그 고약성과 악취로 주목받지 못하는 변두리 꽃들에 비해 더욱 극심한 것처럼, 선의 부패는 신성 체험을 등진 신앙 이탈에서 비롯된다. 신앙은 죄악과의 다툼 승리에서 고귀하게 굳건해진다. 죄악에 매이지 않고 해방됐을 때 하나님과 보다 가까워지는 것을 체득하게 된다. 모든 소원을 손아귀에 쥔 사람이라면 부족함이 없다? 과연 그럴까? 피조물의 인생은 바람을 맞는 한 언제든 변수로 흔들린다. 그러므로 섰다 했을 때 넘어질 수 있다는 것에 주의해야 한다.

다음 기회

체력이 부처 목표의 정상까지 오르지 못한 것에 대해 자책을 가질 필요는 없다. 큰 계획, 큰일을 시도하는 사람이 자신의 의지보다 엄청 무겁고 큰 이상에 도전하는 것은 자신감에서 우러나는 정신이다. 그 굉장한 무게에 눌려 질식한다고 할지라도 자신의 힘의 한계를 사전에 점검했다는 것은 다음 기회를 보다 더 준비하는 비축이다.

문제풀이

우리는 식물을 먹는 육체의 틀 안에서 사는 동안 여러 가지 모양의 힘든 과제를 피할 수 없다. 문제는 문제를 낳는다. 그러나 우리는 그 문제를 해결하려 삶의 끈을 놓지 못한다. 생의 신념이 아닐 수 없다. 건축과 예술작품은 그 일에 열정을 뭉쳐 세상 빛을 보게 한 당 창작자가 가장 잘 안다. 존재의 무無를 존재의 유有로 이루어낸 그 창의 자는 건축물의 하자나 예술작품의 모자람을 손쉽게 고치며 보완한다.

일에 물리면 인생 역시도 시들거리기 마련이다. 흔들리는 의자는 앉아 쉴 수 없다. 작은 구멍이 거대한 댐을 무너트릴 수 있다. 문제 풀이는 원인 규명에 달려있다. 문제를 문제로 방치하면 동인動因을 바라지 않는다는 속셈을 깔고 있는 것이다. 반면에 문제는 그 문제 속에 숨겨진 거라며 찾고 또 찾는 자는 더 든든한 작품을 만들어낸다.

시간 허비는 죄악이다

저 자신의 불만족스러운 변덕으로 늘 새로운 계획을 세우나 그 또한 진로가 아니라며 미적거리는 행태는 세워 놓은 목표가 없으므로 무기력한 하품만을 연신 해대는 실상 죽음의 포로가 되어 있는 자보다는 월등하게 낫다. 100세 인생이 그저 시간일 따름이라면 모래 위에 쓰인 이름 석 자에 불과한 자취이다. 성찰의 형태에 고뇌한 적이 없어 자의恣意로도 붙들어 둘 수 없고… 이쯤이면 안달거리는 욕망도 나쁘지는 않다. 그 욕망이 자의自意의 의욕을 키우는 도구일 수 있기 때문이다. 시간 허비는 결산 없는 죄악이다. 이는 자신을 위한 시간도, 남을 위해 쓰는 이바지 시간도 아닌 흘림에 지나지 않다.

반죽음

지속적인 노력은 방면의 성공을 안겨준다. 인간 내면의 성장은 자신과의 치열한 다툼이다. 성질이 전혀 다른 격정의 부류들 속에 끼어 있거나 어울리게 된다면 정신적 균형을 가지런히 잘 갖춘 식자는 그 환경 적응에 상당한 어려움을 겪는다. 그러나 한편으로는 동질인 사람의 향기가 못내 그리운 외로운 보수성에 갇힌 자신을 깨우는 회오리바람일 수도 있다. 나무는 바람의 강도에 맞추어 힘차게 약하게 흔들린다. 그러면서 온몸 운동을 하면서 땅속에 묻은 뿌리를 더 깊이 굳게 뻗어나가며 줄기의 아름을 굵게 키운다. 긴장은 정신 이완을 막아준다.

사람은 일만 할 수 없다. 쉬지 않는 근면은 일의 능률을 떨어트린다. 노동에서 지친 육체는 휴식으로 달래야 한다. 그러나 놀이오락이 지나치면 정신머리는 해이해지면서 본의 아니게 생산성이 한층 높아지는 시간대에 낮잠을 자게 된다. 일할 때의 진진함을 잃고 낮밤 구분조차 망각한 잠자리는 반죽음 상태나 다를 바 없다.

지혜와 어리석음

　　　　　　　　사람들은 삶의 문제와 만나
면 그대로 끌어안고 고민에 고민을 거듭한다. 얽히고설킨 실
타래의 원인을 어떻게든 풀어보겠다며 머리를 쥐어짠다. 어두
컴컴한 실마리가 잡히지 않는 이 기간이 길어지면 자연 마음
의 병에 시달리게 된다. 잘하고 싶은 마음이 너무 커서, 미래
의 문제를 미리 풀어보려는 데서 걱정은 시작된다. 고민은 해
라. 그러나 중요한 것은 현재의 건강한 호흡이다.

지혜와 어리석음은 한 몸인 내 손에 달려있다. 지혜 자는 자신의 생각을 다듬어 관찰하고 어리석은 자는 자신을 들여다 보는 주의 깊은 안목이 없어 내 안의 나를 알지 못한다. 평온 속에 흐르는 행운을 모르고 불운에 의연하지 못함이 나를 잊은 것이다. 자신의 이해는 성장과 한 줄기로 잇대어져 있다. 뒤로 미루는 것은 미래와 멀어지는 손실을 입는 것이고 삶의 의미를 잃은 사람들이 헤프게 쓰는 시간은 공짜가 아니다. 주어진 시간을 어떻게 활용했는가에 따라서 그 가치는 반드시 열매로 맺어진다. 양이 정해져 있으면 그에 맞추어 씀씀이를 정하나 시간 자체를 보지 못하는 사람은 보석 같은 눈물이 마른 자이다.

교류

생각의 교류가 있다. 자신을 돌아보는 반성의 교류가 있고, 기도 내용을 어떻게 정리하고 하나님의 응답을 끌어낼까 하는 생각은 혼자만의 두뇌 굴림이라 할 수 있겠으나, 궁극적으로는 성장의 날개를 단 신앙의 힘이 된다.

마음의 교류가 있다. 애인과 속삭인 지난 시간의 밀애를 혼자서 되새기며 보다 적극적이지 못했다는 아쉬움을 경각으로 달래며 다음 만남에서 "사랑한다."라는 고백 꼭 하리라는 다짐의 미소를 머금은 것이 좋은 예이다.

대상을 정해 놓고 편지를 쓰는 것과 독서로 책의 저자와의 만남도 자신과의 교류이다. 그러나 혼자만의 들뜬 환상에 불과할 수 있는 그 자체로는 진정한 교류라 할 수 없다. 교류의 가장 큰 본보기는 상대적 체험을 통해 직관하게 소개된 앎이다. 체험은 모든 말의 명백한 증언이다.

　생각은 정신의 창조를 키우고, 그 말은 생산력을 갖고 있다. 그러나 그 현상이 나타나기 전까지는 실체가 아니다.

믿을 만한 사람

              믿을 만한 사람은 남긴 자취가 군말 없이 깨끗한 사람이다. 쉽지 않은 성품이다. 세속인들은 눈에 보이는 것만이 존재라 우기나, 자신의 체험을 굳게 믿는 영의 사람은 내가 아닌 나의 안에서 하나님의 형상을 그려낸다.

  생각의 조절은 생각 정리에 들어간 이후의 생각에서 바로잡힌다. '알파와 오메가'는 처음과 끝을 말한다. 이 두 극점 사이에서 우리 인간은 하나님께서 주신 생명의 힘을 가지고 자유의지의 받침 위에서 여러 모양의 삶을 영위한다. 이 믿음에 반하다면 평생 동안 두려움과 죄책에서 벗어날 수 없게 된다.

비판적으로 종교성직자들은 진리 조달업자들이다. 더불어
글을 쓰는 작가들은 삶과 무관한 문장을 파는 장사꾼들이다.

신뢰가 걸린 약속

실천으로 옮긴 약속은 신뢰이다. 약속은 하지 않았으나 먼저 실행한 결과물을 만들어 보이는 것은 기쁨의 환대를 받는다. 상대방이 비록 무언을 남기고 떠났으나, 그 이면의 의미를 꿰뚫고 내린 결정이므로 파격적 쌍수 환대는 당연하다. 이 바탕에는 상대방 생각이 어떠한지를 헤아린 지식의 뿌리가 있다. 옥석을 가리거나 승부가 걸린 일에서도 상대방을 아는 지성은 필수이다. 지식인은 남의 사정을 들어주는 귀를 갖고 있다. 깊이 파고들어 문제를 풀어내는 능력도 보유하고 있다. 반대로 지식인은 속으로 끙끙 앓는 근심을 많이 안고 있기도 하다. 세파 위험에 휩싸이기 전에 무장을 다지는 것이다.

환상의 두려움

　　　　　　　죽음도 불사하겠다는 미친
사랑의 바탕에는 질투가 깔려있다. 질투는 사랑을 잃게 되지
않을까 하는 조바심과 걱정에서 출발한다. 미리 공포인 상실
감의 반작용이다. 일이 뜻대로 풀리지 않는다면 분노로 그 감
정을 드러낸다. 급기야는 가장 소중히 여겼던 사랑을 파괴하
고 마는 극단으로 달려 나간다. 소위 '환상의 두려움에 따른
방어 성격의 행동'이다.

나의 나

그녀는 못생겼다. 그래서 그녀는 진즉부터 사람들의 눈빛이 애정하지 못함을 깨닫고 있었다. 침묵의 공포 성 살해인 스트레스를 더 이상 이겨낼 수 없게 된 그녀는 타고난 그 딱한 처지에서 벗어나고자 자신을 갈고닦는 미인 만들기에 생애를 걸었다. 턱뼈를 깎고 위로 솟구쳐 정면에서 봤을 때 콧구멍이 많이 보이는 들창코, 즉 짧은 코끝이 펑퍼짐한 모양을 바꾸는 대 시술에 몸을 뉘었다. 비싼 비용이 들었다. 거울 앞에 선 그녀의 표정이 밝게 빛났다. 며칠이 지났다. 그동안 자신의 아름다운 변모에 한껏 들떠 지낸 그녀는 그것을 자랑할 겸 모처럼 동창모임에 참석했다. 친구들의 반응이 시큰둥했다. 한 친구를 붙들고 원인을 캐물었다. "과거의 너의 너인 개성이 사라졌어!"라는 답변이 돌아왔다.

기만놀음

                그대의 분노에 그대는 맞서 있다. 소리치는 격정의 욕설이 뇌를 자극하며 몸을 방방 뛰게 한다. 그 광기에 그대는 손에 잡히는 물건 족족 내동댕이친다. 살림살이들이 깨지며 박살난다. 그 위협에 놀란 애완견이 도 망을 쳤고, 애써 곱게 키운 화원의 식물 꽃들은 엉망으로 짓 밟혔다. 풀이 풀리며 화기에서 점차 깨어난 그대가 주변을 둘 러보며 자신이 저지른 난장판 장관에 미간을 찌푸린다. 무엇 을 대상으로 한 참을성 없는 파괴적 열불이었던가? 머리 둘 달린 사자의 탐욕이 부른 기만놀음에 빠졌던 게로군.

헛되지 않았으리

두려움은 외로움 속에서 우러난다. 예술창작도 고독에서 창조된다. 많은 사람들의 운명이 걸린 중대 문제의 결정은 깊은 장고 끝에 내려진다. 강물은 깊은 물결로 흐른다. 깊은 뿌리는 흔들리는 가지를 붙드는 역할을 맡고 있다. 고통은 당당한 인내의 힘을 길러주고 덕은 이웃과 좋은 관계를 만들어나간다. 진정한 재산은 꾸미지 않는 진실한 행실이다. 높은 이상은 정신건강의 척도이며, 가슴으로부터 키워 올린 기품은 그의 비상이다. 능력이 닿는 범위 내에서 청춘을 소비한 그대여, 순간순간의 시간들을 슬기로운 분별로 이겨낸 보람, 결코 헛되지 않았으리. 그대가 빛낸 권위, 하늘과 땅이 영원히 기억하리.

침묵의 총명

귀가 먹었으니 들지 못한다. 고요에 잠긴 영혼은 잠잠하다. 심장이 뛰는 소리만이 들릴 뿐이다. 내 안에서 숨 쉼 하는 맥박 숨결 들으니 새삼 천하보다 귀한 내 생명의 존재가 사랑스럽다. 영혼이 맑아진다. 기도가 우러난다. 영성이 사리분별하게 드높아진 명예로운 지혜의 안테나를 하늘 보좌에 닿게 세운다. 침묵을 지키시는 하나님은 그 가운데서 총명을 내리신다.

지혜와 재물

경험은 산 지혜. 불순의 옷
가지를 벗은 거룩한 지혜는 가난을 입힌다. 빛나는 영리의 지
혜로 사리사욕을 채운다면 사람들로부터 경외의 절을 받을
수 있을까? 이상하게 지혜와 재물은 어울리지 않는다는 기분
을 떨칠 수가 없다. 지혜의 성질은 감히 범접할 수 없이 고결
하고, 품격과 상관없는 재물의 성격은 시끄럽다. 지혜는 물려
받은 재산이 없다면 가난을 벗을 수 없고, 달구지를 끄는 소
가 밭에서 가져다주는 것은 창고를 크게 짓게 하는 산더미 곡
물이다. 둘 중에 그대의 선택은 어느 편?

선인과 악인의 차이

악인이 선인을 마음에 들지 않아 하는 이유는 죄를 좇는 일을 가로막기 때문이다. 바른길 보행은 이와 같이 악인과는 함께할 수 없다. 상대방에게 지금의 내 마음 상태 그대로를 말한다면 악인은 약점을 잡아 흔드나 선인은 위로가 되는 말로 희망을 키워준다. 부에 눌러앉은 악인은 사람을 행패로 부리나 돈을 쓸 줄 아는 선인은 가난을 가장 많이 생각한다. 많은 말을 들은 사람은 종합적 판단이 어지러우나 지혜 자는 한 마디 말속에서 참됨을 헤아린다.

선한 싹 틔워지려나

머뭇거림도 시간 속 삶이다. 치장 부림에 분주한 모든 소음에서 벗어나고자 자연 속으로 들어와 여가의 집을 짓고 살지만 이번엔 짐승들의 밤낮 없는 울부짖음에 신경이 쓰인다. 소란은 평온을 앗아간다. 평안이 빼앗긴 영혼 속 자리에 세속인의 옛 심술궂은 부아가 둥지를 틀고 앉아있다. 신경질은 격조 없이 번잡한 소동을 불러일으킨다. 비천이 따로 없다. 수용이 안 돼 견딜 수 없다는 격심이 타락이다. 내 속을 푹푹 썩이는 신선한 저 생물들로 최후의 정렬인 선한 싹 틔워지려나…. 모두에게 도움을 준 미덕은 생의 마지막 날까지도 나를 저버리지 않을 유일한 친구이니까.

새김

말해 보아라. 어찌 그리 빨리도 명예를 잃었는지를…. 젊음의 한창은 경솔이라면 늙은이의 분별력은 산전수전을 뛰어넘은 지혜가 아니던가. 아둔해졌다는 기억력을 탓하지 말게나. 그 목청의 힘 아직도 광채가 반짝반짝한데, 머리도 쓰는 훈련에 따라서 오래전에 묻어 보관하고 있다는 보물장소 잊어버리지 않고 기억하고 있는 바인데, 그 가물가물 기억으로 치열의 경쟁을 뚫고 간신히 잡은 벼슬을 보름 만에 놓쳤다는 게 도무지 믿기지가 않네. 열성의 관심이 지적 능력을 배가로 키운다는 점 모르지 않을 터…. 가만, 오라. 그대의 불행 자초 기억 상실의 문제가 아니라 현인들이 잠들어 있는 그 머리맡 비문을 마음에 새기는 준비 차원에서 사전에 읽어보지 않았기 때문이지 않은가. 그 한 비문에 "명이 짧은 이유는 사인私人의 조용한 삶 위에 서지 않은 결과"라는 문구가 새겨져 있지.

사람 사는 맛

                나무는 누구든 스스로 찾아 갈 수 없다. 이동할 수 있는 발이 없기에 몇 걸음 거리를 둔 이웃 나무와도 두 손을 맞잡는 온혈인사를 나누지 못한다. 그들 간의 언어전달 수단은 사이사이를 비집고 다니는 바람에 태워 보낸 각자의 생산력 향기를 통해서이다. 나무는 처지에 맞게 산다. 제 분수를 넘는 무모한 짓을 운명적으로 할 수 없기 때문이다.

실력으로는 상대방을 이길 수 없는 데도 불구하고 덤벼들어 자신을 해치는 대상은 인간뿐이다. 자신보다 우러러 높아진 성공자의 인품을 혀의 험담으로 깎아내리는 것도 인간만이 지닌 감정이다. 잘 가꾼 여성의 신체에 주근깨나 사마귀에 비웃는 흉을 보는 것도 인간만의 특징이다. 그렇지만 내리막길을 내려가는 노약자의 위태 몸을 잡아주고 오르막길에서는 등을 밀어 숨 가쁜 걸음을 돕는 건 또한 인간만이 할 수 있는 선행이다. 해풍 볕에 검게 그을려 고왔던 옛 피부 찾아볼 수 없이 퍽 늙은 시골 노파를 딸내미 집 방향으로 약도를 참조하며 인도하는 공무원은 여순경이다.

두 성질

방문을 달가워하지 않는 집에서는 물맛도 가없이 쓰다. 그 당사자는 시간의 일부라도 바칠 만한 가치를 생산할 수 없다며 내내 심기 불편에 시달린다. 전염병은 감염이 쉬워 가까이하지 않는 게 예방의 일차이다.

우정은 믿음의 즐거움이다. 근심을 덜어주는 편안한 대화에서는 경계하는 의식이나 두려움이 조금도 서려 있지 않다. 조언이 계획의 촉진이라면 못할 게 없다는 자신감을 채운 용기가 솟아오른다. 비밀을 털어낼 수 있는 관계가 화기애애한 친구이다.

오늘은 최고로 좋은 날

　　　　　　　　피 끓는 뜨거움이 식기 전에 모양 없는 어떤 행복이, 얼마나 아름다운 환경이 목 빼고 기다릴 미래를 향해 계속 힘차게 달리자. 아름다움은 시간을 훌쩍 뛰어넘은 고역의 경륜이 깊은 예술인의 손길이 가고 또 대인 솜씨. 그러나 아직 볕을 쬘 수 없는 내일만을 매달리다 오늘을 놓치는 우愚는 범하지 말자. 오늘은 최고로 좋은 날인 내일의 징검다리이니….

제4부

인간의 감정은
변화무쌍하면서 복잡다단하다.

준비된 무장

바깥 외부에만 깊숙이 빠져 있는 사람은 정작 자신이 누구인지를 모른다. 호화로운 놀이에 정신이 빼앗겨 있으니 자신의 잠재력 능력을 묻어만 두고 있다. 불행한 삶이 아닐 수 없다. 상상할 수 없는 물질로 가득 찬 천지는 개인의 지혜로는 헤아려 배울 수 없다. 그러나 구경만에 지나지 않는 바깥으로만 나돌지 않는다면 세상은 나의 것임을 깨닫게 된다.

고요에 잠겨있으면 먼저 나 자신이 누구인지를 알게 된다. 고요는 영혼을 부활시킨다. 내면으로 온 세상을 통찰하는 시야視野가 있기 때문이다. 그림의 떡이 아니다.

인생의 출발은 준비된 무장이다. 하나님의 약속을 믿는 것이 앞날의 희망이다. 하나님의 약속은 자신조차 기대하지 못했던 고귀한 사랑에서 지켜진다. 우리는 선택된 영혼이 무엇을 하려는지 사전에 알지 못한다. 진행 과정에서 차츰 성장하는 모습을 보게 된다. 제 길을 가는 것이 무엇보다 중요하다. 우리는 타인과의 영적 교감에서 주관적인 사명을 보다 분명하게 깨우친다.

최초의 빛

내가 지금 이 자리에 서서 해발 높은 푸른 산중을 우러러보는 까닭은 내가 누구인지를 의지의 기억으로 더듬으며 그 바탕에서 재창조의 전환에 힌트가 될 그 어떤 지혜를 깨닫고자 함이다. 출발의 동기를 불러일으키는 앎은 목적 둔 그 길로 인도한다. 그러나 자신의 얕은 이해를 앞세워 차후로 미루거나 순행하지 않으면 알고자 하는 미지의 세계는 미궁의 숙제로 남을 수밖에 없다. 갈망이 없기 때문이다.

천지가 창조되기 이전인 태초의 땅은 혼돈, 공허, 깊은 흑암 뿐이었다. 그 외의 것은 존재하지 않았기에 존재 전체가 아니었다. 즉 자신 외의 바깥은 실체 없는 비존재非存在일 뿐이었다.

앎은 내 안의 상태이다. 앎과 체험은 별개이다. 나 아닌 것과 마주치기 전까지는 변화의 체험은 일어나지 않는다. 체험은 창조를 낳는다. 영혼은 떠올린 그 인식의 개념을 확립하고자 체험을 간구한다. 체험은 영원토록 지워지지 않는 마음 판의 새김이기 때문이다. 가장 큰 선물은 하나님과의 관계로 새로운 피조물이 됐다는 기쁨이다.

존재 전체를 지탱해 주는 무無의 천지를 밝힌 최초
의 물체는 빛이었다.

대립감정

미움과 사랑은 대립감정이다. 사랑이 정신건강의 정형이라면 미움은 가슴앓이의 속병이다. 미움은 눈 밖에서 벗어난 그것은 나쁘다는 비난이다. 가벼운 단순성 비난은 '왜 저러나?' 하는 눈빛으로 상대를 좀 더 헤아리는 정신을 일깨우는 역할을 하나, 한편으로 지나치게 치우쳐진 잣대의 감정은 척추가 비뚤어진 장애라 자리를 이동할 적마다 온몸을 심하게 비튼다. 생각이 각각인 머리와 가슴은 이토록 하나로 다스리기가 쉽지 않게 멀다.

언사가 거친 미움은 상해를 머금고 있다. 가인*과 같은 악감을 품고 있다. 그러므로 미움은 신앙성장에 적일 수밖에 없

---
* 가인: 인류 최초의 살인자.

다. 그 문제 풀이는 그것이 정녕 눈빛을 흐리게 한 요인의 면이라 할지라도 상대편에서는 '그럴 수 있었겠구나'라는 이해에서 출발한다. 그러나 왼뺨을 맞았으면 오른뺨도 때리라는 예수의 정신으로 한발 다가서서 얼굴을 내맡기는 선의 희생자는 과연 몇 명이나 될까? 전제하에서 위해危害를 끼친 마귀 짓에는 정당방위 차원에서 신앙의 의분을 높여 단호하게 대처해야 한다.

옳은 것에 목표를 둔 사람은 두려움이 없다. 환경을 초월한다. 나쁘다는 규정만 내리지 않는다면 개개인의 삶에는 그 능력에 맞는 창조력을 지니고 있다. 다른 누구 아닌 바로 나의 내가 되자는 삶이 곧 자아실현이다. 싫다고 내뱉은 말도 자신의 창의력에 해당된다. 창조는 상황과 조건을 자신에게 맞춘 의식 계발이다. 그 상황과 조건을 온갖 체험으로 이겨내고 화신化身을 입은 사람은 선구자 또는 선각자라 불러도 손색이 없다. 감정 역시도 어둠 속을 빛으로 밝음을 어둠으로 얼마든지 탈바꿈시킬 수 있다. 기준에 맞춘 책임감에 따라 전혀 다른 내일의 현상을 창조해 낼 수 있다는 뜻이다.

인격의 뿌리

신축 공사장에 점심시간이 돌아왔다. 식사를 마친 근로자들은 냉기 피는 차가운 맨바닥에 깔 종이박스 따위의 용품들을 제각기 찾아들고 재빨리 잡은 자리에 누워 눈을 붙인다. 기껏 이삼십 분 남짓에 불과한 그 잠시 잠깐의 시간에 이른 새벽부터 해 저문 붉은 노을 시간대까지 이어지는 긴 고된 노동으로 퍽이나 부족할 수밖에 없는 잠을 채우려는 경쟁이다.

인생의 목적을 먹고 마시는 데만 주안점을 둔 사람은 배를 채우고 나면 길게 눕는 습관부터 보인다. 인간은 자연을 다스리는 책임감이 부여되어 있다. 그러므로 생명을 부지하도록 육식, 과실, 채식 등을 제공하며 먹여 살리는 그 보답으로 자연물들이 제대로 자랄 수 있도록 가꾸며 돌보아야 한다. 그 관리 일로 인간은 삶의 규칙을 배운다.

식물의 생존은 그 뿌리에 달려있듯이 인간의 죽고 사는 문제는 세 치 혀에 달려있다. 지식이 넘치도록 출중한 강사의 그 전달 책은 입의 말이다. 인격과는 전혀 별개로 밥 벌어먹기 위한 수단으로 쓰인다. 문제는 자신부터 외쳐대는 설교나 가르치는 교훈대로 살지 않는다는 이면적 모순이다. 직업이기 때문에 청성유수의 기름칠 웅변과 달리 비도덕 한 꼴불견 행태를 두 눈으로 자주 목도하는 편이다. 말 따로, 행실 따로 노는 언행 불일치는 밥벌이에만 매달려 있는 데서 온다. 물론 말의 실천은 쉽지 않다. 미움이 솟아오르면 사랑을 거둬들이는 것

이 인간의 속성임을 부인하지 않는다. 그러나 지식은 그 인물
을 바로 세우는 인격의 뿌리이다.

오해를 빚다

인간의 감정은 변화무쌍하면서 복잡다단하다. 그 기복 성향에 맞추어 흘려버릴 수 있는 사소한 귀띔에도 불명예로 받아들일 수 있는 게 인간의 정서이다. 내 편에선 맞는 답이라며 내놓았다 할지라도 그 상대편에서 반대 의견을 낼 수 있는 게 사회적 현상이다. 곡해를 떠나 그 상대방에게 불쾌소지인 가슴앓이를 안겨줬다면 그편에 한해서 방향을 잘못 잡은 것이다. 한 언질, 한 문장은 이토록 이성을 갖춘 사람의 가슴을 울린다.

필자는 최근에 전화 문자에 따른 오해로 첫 만남부터 뒤틀릴 뻔했던 시련을 겪었다. 한국출판문화진흥원 주최 '브랜딩 전략기획과정' 교육 장소에서 알게 된 지 불과 이틀, 그 마지

막 날 9층에서 연령층이 좁은(필자 제외) 몇몇 젊은 남녀수강
생들과 승강기를 타고 1층으로 내려오면서 처음으로 말문을
튼 그 자매와 서울산업진흥원부터는 좀 먼 편인 디지털미디어
시티 지하철역까지 함께 걷게 되었다. 필자는 자매의 용인 행
선지 방향과는 전혀 다르기에 바래다주는 것으로 입장 정리
를 밝혀 뒀다. 그러면서 서로를 소개하는 과정을 거쳤는데,
자매편에서 글을 쓴다기에 금방 허심탄회한 친근감이 붙었다.
자매는 환하게 기뻐 뛰며 필자의 소설집 제목을 대뜸 물었다.
꼭 일 년 전에 출간된『누구를 위하여 눈물을 흘려야 하나』
책 표지가 자매 전화기 화면에 이내 떴다. 지하철역 입구에서
자매와 헤어진 필자는 한참을 더 걷고 문화비축기지 정류장에

서 몇 분 기다린 버스에 몸을 실었다. 좌석에 앉아 이동을 하면서 자매에게 나의 소개를 덧붙일 겸 "재작년에 출간된 장편소설 『방황하는 영혼들』 책명을 찾아보라."라는 문자를 전송했다. 찾은 책 사진 아래로 좋은 책 소개 감사하며 꼭 사서 보겠다는 반가움 넘치는 답신을 잠시 후 받았다.

다음날 필자는 자매에게 진즉에 사진으로 찍어두고 보관 중인 『교회 가는 할머니』 시집을 띄워 보냈다. 자매편에서 장난기 어린 문자로 뭔 책인지를 물었다. 필자가 시집 사진을 전송한 이유는 우체국 등기로 보낼 책명 미리 소개였다. 더불어 구두 약속대로 "주소나 찍어 줘요."라는 문구를 연이어 전송했다. 이 문구가 자매편에서는 굉장히 거북했던 모양이다. "왜

화를 내십니까." 항의성 답신이 그 증언이었다. 아차, 싶었다. 자매의 말처럼 낯가리는 소심성자라는 상대측 성향을 미처 고려하지 않은 실수를 낳은 것이었다.

시집『푸른 영혼의 지혜』가 포함된 등기 물을 받은 자매는 며칠 후 자신의 시집 몇 권과 근무회사 제품 몇 점을 보내왔다.

선사하는 행위를 쉬운 일이라고 생각한다면 오산이다. 특히 기분 내키는 대로 듬성듬성 흩뿌리는 것은 상대방으로 하여금 오해를 불러일으킬 수 있다. 책을 좋아하는 사람에게는 책은 최고의 선물이다. 그 사람에게 맞추어진 선행은 두고두고 감사를 품게 한다. 그러나 눈이 흐린 노인에게 책 선물은 최악의 결례이다.

한순간의 쾌락

젊었던 한 날에 바싹 메마른 애정이 괴롭게 그리워 초저녁에 미아리대로 변 소재 작은 술집을 찾았던 적이 있었다. 술을 아예 못하는 것은 아니지만 일찍부터 신앙인으로서 고의로 멀리하며 자연스럽게 마시지 않게 되었다. 허전감이 깊어진 간청을 달랠 겸 호기심 발동으로 발을 들였던 것이다. 수중에 지닌 건 버스비 정도일 뿐인데도 불구하고 무리수를 썼던 까닭은 연락만 하면 달려오는 교회친구가 배후에 있었기 때문이었다. 초등학교 교장 선생님의 아들인 안경잡이 친구가 모습을 드러냈다. 그렇지만 친구는 비참한 궁지에 몰린 나를 구해주지 않고 그냥 돌아가 버렸다. 2시간 넘도록 인상을 찌푸리며 다그치는 남자 주인의 성화에 심기가 전전긍긍 힘들어진 나는 그를 데리고 신원보증을 서줄 보문동 교회를 마지못해 찾았다. 산중 기도로 만나 교제가 된 여자목사가 담임하는 개척교회였다. 늦은 시각이며 또한 미덥지 않은 술값 해결 문제로 불쑥 찾아든 나를 두 부부는 한 마디로도 나무라지 않고 나로부터 돌린 눈길을 새로 맞춘 체구 마른 술집주인을 설득하여 순순히 돌아가게 했다. 며칠 후 돈을 마련해서 불순한 의식을 깔고 겨우 입맛만 봤을 뿐인 술값을 치렀다.

　호되게 당한 그 당시의 소원 불 성취, 망신 늪에 다시는 빠져들진 않겠으나, 평정조절을 엉망진창으로 헤쳐 놓는 쾌락은 순간이다. 쾌락은 모자란다 싶으면 허우적거리는 갈증이 심해지고 과도하면 유사油砂에 휩쓸린다. 쾌락에게 주도권을 내맡기면 취기에 놀아난다. 그러면서 마른 땅바닥에 내버린다.

여원

1

　가슴 털이 무성한 사나이 중의 사나이, 거구한 장정에서 뿜어 나오는 힘이 어찌나 우직하게 센지, 아름 굵은 생나무 뿌리를 거뜬히 생채로 뽑아 새로판 옆 구덩이로 옮겨 놓는 건 문제도 아니다. 그 장부는 고깃배 타는 어부다. 펄떡펄떡 날뛰는 그물 안 고기들을 어선 안으로 끌어 올리는 드넓은 바다 한복판 사나이이다.

　비린 바람에 할퀴어지고 작렬하는 태양에 검게 그을린 낯빛 사나이. 다음 해외출항일자가 일주일 후라 여유로워진 사나이는 콧노래를 부르며 들판 길을 걷고 있다. 중천 넘은 태양 빛이 그 걸음걸이 돌부리에 걸려 넘어지지 않도록 인도하고 있다.

　바람에 나부껴 엉망으로 흐트러진 숱 많은 봉두난발에 상의단추를 모조리 풀어헤쳤으며, 바닷가에서 끌어올린 출퇴근용 임대 뱃고물의 밧줄을 육지말뚝에 붙들어 매는 과정에서 정강이까지 젖은 소금 바지 채로 막걸릿병 든 굵은 팔목을 힘차게 휘젓는 사나이. 윗길에서 돌연 나타난 두 물체를 보고 흠칫 놀란다.

　젊은 층 호리남자는 노타이 양복차림이고, 몸집 큰 여자 편은 한복을 차려입었다. 노란상의 저고리고름이 허름하게 풀려 있고, 연꽃무늬 새겨 넣은 붉은 치마 사이로 흰 속고지 비친다. 두 사람 다 급한 용무를 마친 뒤인 듯 동공 굴림이 불안정하게 빠르다. 서로를 눈치 거리며 몸 둘 바 모르게 쩔쩔매는 부자연스러운 행세가 뭔가를 숨기려는지 어설프기 짝이 없다.

남자 편은 바지지퍼가 열려 있는 줄 모르는 채이고, 보통여자의 단속 차림새로 미뤄 아마도 대상에 따라 솟구친 욕정을 신당에서 후다닥 풀고 나온 길인 것 같다.

일반사람들이 막연하게 믿는 한 가지는 부정을 씻어내는 목욕재계 후 굿판을 여는 여원과 동침하면 액막이가 좋다는 속설이 그것이다. 터무니없는 똥개 눈들이 지어낸 근성 못된 인간들의 합리 주장일 뿐이다. 여색 좋는 낙으로 낭비인생을 즐기는 세대들의 그럴싸한 말장난질일 뿐이다.

물론 여체를 안았다 일어난 남성들의 화색이 밝아진다는 것은 부인하지 않는다.

그만큼 이성 간의 배붙인 동침은 음양으로 생기를 북돋아

주는 힘이 실려 있다. 심심풀이 음담패설에 팽팽하게 부풀어 오른 낭심을 비비 꼬며 한시바삐 풀고 싶어 안달 쓰는 상이 그 대표적 사례이다.

"이쪽은 외지인이라 낯설고, 보살님께서 이 시간에 왜 여기에 계시는 게요?"

두 남녀의 남몰래 음탕을 어림 눈치로 짚은 장정은 시치미 뚝 뗀 목청으로 본질을 에둘러 비껴갔다.

"아, 신당에 다녀오는 길이네만… 이자 오는가?"

하필 낯익은 이웃에게 들켰다는 뜨거운 줄줄 땀에 전에 없이 말을 더듬는 하대 음색은 기어들어 작았다. 그러면서 젊은 남자와 계속 곁눈질을 주고받는다. 저희끼리만 통하는 무음

의 미소까지 나근나근 흘리며 교환한다. 노파라 부르기에는
아직 이른 오십 줄 무당여인의 자태는 그렇게 현 꼴에 어울리
는 몸짓으로 딴청을 부렸다.

"보살님의 기쁘신 표정 실로 오랜만에 보네요. 오면서 들으
니 감나무 집 마당에서 굿판이 요란하던데 본래 보살님께서
맡은 일 아니십니까?"

"맞네. 그 집 여식의 중한 병 만신께 향기도 올리던 중에 진
즉부터 알고 지내온 총각이 왔기에 기도 좀 해주려 내 이리
신당을 찾은 걸세. 괜한 오해는 품지 말게."

어림잡아도 젊은이와의 나이 차가 스무 해는 됨직하다. 게
다가 15년 차 무당은 10년 전에 폐암환자 남편과 사별한 과부

이다. 소문에 따르면 기둥서방 병구완 기도를 여기저기 다니다 신기神技가 내려 그 즉시 무당 길로 들어선 아내를 못마땅하게 여긴 남편이 스스로 목줄을 끊었다는 것이다. 슬하에 두 남매도 향내가 몸에 밴 무당엄마가 싫다며 집 떠난 지 오래다. 왕래발길도 아예 끊어 어디서 사는지조차 모르는 형편이다. 그 과부가 젊은 청년과 신의信義 없는 분탕질을 하고 다닌다? …내연의 자식이라도 낳으려나?

장정은 남녀 간의 성욕 풀이는 이해한다면서도 고개를 갸웃거렸다.

2

　　　　　　　장부가 늘어지게 잔 낮잠에서 깨어난 시간은 둥근 달이 막 동창을 밝히는 초저녁 무렵이었다. 시장기를 느낀 사나이는 배를 채울 요깃거리를 찾다 닭장에서 닭 한 마리를 잡아 장작불에 익혀 먹고 기름진 입술을 손등으로 훔쳤다. 적적한 한미에 몸이 근질근질 쑤셔온다. 옷자락 적시는 이슬 밤 한기를 물리치려면 힘을 써야 할 판이다.

　'어디 납채* 보낼 삼삼한 여자 없을까…?'

　사나이는 복사꽃 줄기 하나가 돌담장 바깥으로 휘영청 늘어진 집 안을 기웃거리며 중얼거렸다. 밝은 달빛만이 홀연히 서성거리는 좁은 빈 마당 풍경은 아무런 기적도 없이 찬 기운만

_____

* 　납채(納采): 약혼할 때 신랑 집에서 신부의 집으로 보내는 예물.

맴돌고 있다. 계수나무 열매 떨어지는 소리에 이어 멀지 않는 담장 밖 늙은 솔가지에서 들려오는 밤 까마귀 우는 소리에 음습함이 더해졌다. 우직한 힘이 살아있어 여적 누구에게도 져 본 적이 없는 장부는 저도 모르게 몸을 부들 떨었다.

"까짓, 사람 홀리는 음陰의 귀신인들 장정의 강건함 이기지 못하리. 황탄荒誕하여 실체가 어지러운 귀鬼는 본래 구부러진 다는 뜻을 지녔지 아니한가. 그나저나 이 집은 대체 누가 사는 거처이기에 벽 구멍 파는 쥐새끼 한 마리도 보이지 않는담. 연꽃 위를 걷는다는 주희姝姬의 집은 더더욱 아닐 터이고…?"

그때 환한 달빛에 미처 보지 못했던 촛불방문이 바깥으로 털렁 열리면서 사람의 모습이 나타났다. 두툼한 솜옷을 입은 남자였다. 작달막한 신장이 야무지게 단단한 남자는 담장 아래 뜰에 멈춰 서서 바지를 끌어 내리자마자 오줌줄기를 갈긴다. 귀뚜라미 울음 끊겼고, 머리 위 단풍나무 입새도 흔듦을 죽여 가만히 지켜보며 서 있다. 그 꼿꼿한 자태는 검은 그림자로 달빛바닥에 그대로 새겨졌다. 남자가 바지를 고쳐 입고 담장 뜰을 등졌다. 그러고는 고개를 쳐든 멀뚱한 눈초리로 꽉 찬 만월 달을 올려다본다.

　장정은 싱글벙글 낯빛으로 마당에 들어서면서 남자의 시선을 빼앗았다. 정기가 메말라 안색이 창백한 남자의 표정에 낯선 이를 경계하는 경색 빛이 사납게 세워졌다. 비록 일찌감치 성장이 멈춘 오십 대 체구는 작지만, 청운의 날에 뛰며 나는 범인검거 현장의 꿈을 키운 시절에 태권도, 유도운동으로 근육골격을 다져둔 체력이다.

비록 몇 년째 칩거로 날지 못하는 닭처럼 써먹지는 못하나 웬만한 싸움질에서는 여전히 우세하다 믿는다. 그러나 불길을 키우는 야음시간 때에 힘을 쓸 시비를 걸러 왔는지, 아니면 지나다 들렀는지 알 도리 없는 낯선 불청객은 맷집체력이 꽤나 듬직한 장정이다. 맞싸움 실력이 어느 정도인지 겨뤄보지 않아 가늠은 쉽지 않으나, 양 장딴지 굵기가 통나무 같고 그 강한 뼈골이 뒤받침하고 있는 신장 높이가 일 미터 칠십은 족히 될 성싶은 거구의 면모로 미뤄 실력이 밀릴 게 뻔해 보인다.

이런 사람의 성질은 순박하나 화가 치밀면 물불을 가리지 않는 저돌성 인물이다. 집주인은 긴장 키운 초조를 애써 삼키며 상대방을 그윽이 노려본다.

"이거 놀라게 해서 대단히 죄송합니다."

몸체 그림자를 뒤편 땅에 드러낸 장부의 큰 손을 맞비비며 양해 구한다는 듯이 들린 굵은 성대의 어투는 제법 겸양하다. 게다가 예의에 맞지 않는 무례일지라도 겁을 먹어서는 안 된다는 다짐이 서린 안색마저 표연하다. 위세를 굽히지 않겠다는 자부심 표출이었다.

"뉘시오?"

긴장감을 조금 남겨둔 주인장이 과장의 목청으로 근엄하게 물었다.

"아, 예. 어부 김철동이란 사람이외다. 여기서 한참 먼 철쭉 동네에 살고 있습니다."

"난 숨어 사는 사람이라 그쪽 동네가 어디 붙어있는지 모르오."

"이름 그대로 짧은 한 해 주기이긴 하나, 봄철이면 분홍빛, 백색 철쭉꽃들이 지천을 뒤덮는 아름다운 동네입니다. 한데 사람이 못내 그리워 쉽사리 인정에 이끌린 탓인지 서두부터 숨어 사는 사람이라 소개를 하셨는데 외람된 질문 하나 드려도 괜찮겠습니까?"

"신분상 우둔한 줄로만 알았는데 실언일 수 있는 말을 제기 차듯이 입에 담다니…? 어수룩한 인물로 볼 대상이 아니구려.

그 말의 속내는 생명의 존엄을 무시하고 나만의 실적만을 좇았던 옛 시절의 속죄라오. 얘기가 길어질 것 같으니 이러지 말고 방에 들어갑시다."

몇 마디 대화로 안심을 푹 놓은 집주인의 태도는 손님대접으로 전격 바뀌었다. 적어도 야차*나 나찰**이 아닌 무 사심으로 포용하는 정직을 갖춘 인물임을 알아본 것이다. 두 사람을 따라 들어온 문 사이 바람에 방 한복판 촛불이 크게 흔들거렸다. 세간은 굵기가 일정치 않은 오동나무가지로 짜 맞춘 작은 상자 하나와 네 가지 다리목 위로 엷은 합판을 덮은 앉은

---

* 야차(夜叉): 모습이 추하고 괴상하여 사람을 해치는 귀신.
** 나찰(羅刹): 성질이 사나워 사람을 잡아먹는 귀신. 악귀(惡鬼)의 총칭.

뱅이책상뿐이다. 이외에 두세 벌의 의복이 두 개의 벽 못에 각
각 걸려있었다. 단번에 단순한 살림살이임을 간파했다. 두 사
람은 불꽃 곧은 촛불을 가운데 두고 호랑이 가죽이 깔린 온
돌바닥에서 마주 보며 앉았다.

"인연을 아예 끊은 건 아니나 세속에 발을 들였다 이곳으로
다시 돌아올 수 없는 법의 피해를 입지 않을까 염려로 왕래를
안 하는 입장이라 손님대접은 물뿐이니 어쩌오."

불빛이 비칠 적마다 반백머리 색깔이 붉은색감에 물들어지
는 집주인은 말과 달리 그다지 미안한 기색을 안 보였다. 그는
정말로 통나무 속을 둥글게 판 한 잔의 물만을 내놓는 일로
손님대접을 마쳤다. 손잡이가 없어 매끈한 표면을 잡고 마서

야 했다.

"물맛이 좋네요."

목을 축인 김철동의 굵은 성대는 우렁찼다.

"잠이 안 와 주색 생각이 났는가 보오?"

"잘 보셨습니다. 납채 받칠 여자 혹 만날까 기대하며 발길을
내치긴 했는데 엉뚱하게도 용신님 계시는 산중을 찾게 됐네
요."

"에끼 이 사람아, 무당년들의 입담에서 곧잘 내뱉어지는 용
신님 얘긴 꺼내지 말게나."

"왜요? 무당을 가까이하셨다 봉변이라도 당하신 적 있으십
니까?"

"이곳까지 기도하러 온 무당과 살 섞는 춤을 한바탕 친 적이 있었는데 어찌나 색골하게 다리를 조이는지 혼났다오."

이쯤 되면 남자들 간의 정담은 연결된 셈이다.

"평탄하지 못하였던 세상의 한과 더불어 고치지 못하는 불치병도 안고 있으면서 박수남편조차 배신한 무당의 외로운 처지의 끌어당김은 억세기 그지없었다오. 선무당 사람 잡는다고 하지 않소. 신통력이 약한 풋내기 여원일수록 굿보다 남자 잡아먹으려는 환상에 더 관심을 두고 있지 않나 싶으오."

집주인은 다음 이야기를 준비하려 입을 다물고 눈동자를 좌우로 굴렸다.

"내 이름은 신동환이오. 경찰공무원 이십 년 해에 밀수입마

약 거래로 떼돈 버는 일당들에게 사전정보를 흘리는 뒷일을 돕다 전담팀 동료들에 된통 걸려 정식 사표를 내지 못하고 쫓기는 신세로 추락하고 말았소."

"그래서 숨어 사시게 된 거군요. 염려 마세요. 절대 고발은 않겠습니다."

"내 몸에 현상금이 걸려있는데도 말이오?"

"돈으로 사람을 사고파는 일은 제 적성에 맞지 않아 관두고 대신 좀 전 색골 강한 무당여자 얘기나 마저 들려주시죠."

"알심이 세워지는 게로군. 하긴 절정의 건강이니 정욕발동 누를 길 없지 않겠소."

전직경찰관은 웃음을 머금고 쭉 편 왼발 무릎을 서너 차례

두들겼다. 저림 증을 푸는 것이었다.

　"아직 취학 전인 육 세 계집과 두 살 위이며 초등 일년생인 언니와 일기 화창한 어느 일요일에 용문산 구경을 마치고 부모 집으로 돌아가는 길에 손짓으로 부른 그 앞에 쭈그리고 앉은 두 어린 자매. 휴대용 간이접이의자에 엉덩이만을 겨우 걸친 빼빼 마른 사람은 흰 수염에 흰 두루마기를 입은 늙은 할아버지였소. 그 노인의 시선은 특히 육 세 계집에게 주목을 두고 있었소. 그러면서 '너는 무당 사주가 될 팔자로 정해진 아이구나.'라는 점괘를 내는 것이었소. 언니와 집으로 돌아온 육 세 계집은 그날 밤 잠속에서 검은 복장을 한 남자가 나타나서 조용히 지켜본 후 아무 말 없이 사라지는 머리맡 꿈을 꿨다오.

그 후 십이 년의 세월이 흘렀고 그 시류에 맞추어 계집은 고등학교를 졸업했소. 일가족 모두가 기독교신자라 직전까지 교회를 다녔던 미성숙 계집은 길거리 노인이 적어준 그 당시 쪽지를 개인서랍 깊숙이에서 꺼내 들고 인천 부모 집을 가출했소. 도착한 곳은 서울 창신동 허름한 단층기와집. 사람은 살고 있으나 방치나 다를 바 없이 퇴색이 짙은 집안 분위기는 을씨년스럽게 썰렁했소. 대수롭지 않게 무뚝뚝 안색으로 인사를 받은 늙은 할망구의 모습과 너무나 닮아있었소. 도깨비불이 나돌 것 같이 어둠침침은 으쓱 무서웠으며, 숙기 없는 그 여린 시선으로 둘러봐서 그런지 음습한 기운이 물씬함에 소름이 확 돋았소. 그렇지만 신명은 따라야 했기에 눌러앉을 수

밖에….

　무당할멈 수발 삼 년 만에 제단상위에 앉아 만신의 계시를 예언하기 시작했소. 귀신 씌워진 원력의 만주가 되었소. 작두 위를 걷는 것은 물론이고, 운세를 알아보려 대문턱을 막 넘어서는 사람의 문제원인을 먼저 꿰뚫어 보고 큰소리로 야단치는 그녀의 신령한 소문은 두루 퍼져 이 집, 저 집 초대로 한시도 편히 쉴 수 없었다오. 굿으로 벌어들인 돈이 넘쳐 주체를 잃었다는 것은 나의 추측이나, 아무튼 그녀는 호적을 파가라 할 정도로 관계가 매우 악화된 부모의 원수진 미움을 사게 됐소.

　절대 출입금지령으로 십 년 넘도록 부모를 뵙지 못한 여원은 그럼에도 불구하고 만남을 계속 유지해 온 언니를 중간에 세워 아버지 명의로 준공허가를 마친 집 한 채를 장만해 줬는데, 이 사실을 뒤늦게 알게 된 양부모가 불태워 무너트리라는 등 노발대발 지랄 떨었다는 게요.

아무리 신통방통이 맑다 할지라도 성감이 살아있는 여자. 끊임없이 밀려드는 가가호호 초대 횟수를 줄여가며 주변을 둘러보게 된 그녀에게 남자라는 존재가 부각되기 시작했소.

지방대학을 나와 무속신앙 계에 입문한 박수와 사랑에 빠진 게요. 이 얘기도 나의 상상에 기인하나, 용한 무당은 신령님을 지극정성 모셔야 미래를 내다보는 신발이 살아나는 법인데, 동거재미에 푹 빠졌으니 당연히 만신의 영기가 뚝 떨어졌겠지.

'배고프다. 왜 오늘은 향을 피우지 않느냐?'라고 다그치는 정령만신의 음성을 들은 척도 않고 미남 얼굴만 바라보며 지냈다오.

절대 용서할 수 없다며 이를 악문 만신은 돌아오라는 시한말미가 채워지자 그때부터 그녀의 몸에 모진 악병을 내렸다오. 한순간에 영문 모를 병발에 시름시름 앓게 된 그녀는 굿을 할 수 없었을 뿐 아니라 점사도 멈춰 바람 빠진 무 꼴이 되지 않았겠소. 그동안 꿀맛을 실컷 봤으며 푸짐한 음식상도 잘 받아먹은 영양분 덕분에 살집을 통통 찌운 박수는 누워 골골 앓기만 하는 그녀를 차버리고 자취를 영영 감췄소. 그녀는 수일간의 체험으로 자신이 무병巫炳 아닌 무병을 얻게 된 원인을 뼛골 마디마디 쑤시도록 충분히 깨달았소. 패인을 뉘우치며 '제발 살려 주세요.' 기도를 쉴 새 없이 올리지 않았겠소.

그러나 만신의 냉정한 살기 외면으로 회복은커녕 생활비조차 말라 끼니 걱정까지 끌어안게 되었지 뭐유.

그녀는 건강한 겉모습과는 생판 달리 체내 전체로 벌레가 징글징글 꿈틀꿈틀 기어 다니는 현상을 항시 들으며 느꼈소. 그럴 때마다 그녀는 병원에서도 병명을 알아내지 못한, 살아서 괴롭히는 그 병세의 시름에서 벗어날 수 없자 살고 싶지 않다는 비관을 안고 몇 차례 자살을 시도했었소. 그러나 그조차도 염라대왕의 허락이 떨어지지 않아 실패만을 거듭했을 뿐이오. 그녀의 유일한 위로 자는 남편을 둔 언니뿐이었소.

무당인 동생과는 딴판하게 교회생활을 여전히 독실하게 지키고 있는 언니는 동생의 요청이 들어오면 인천 집에서 한달음에 달려와 굿판의 뒷일을 거들어 주었을 뿐 아니라, 이따금 야밤 산 기도에도 동행하곤 했었소. 개골개골 앓는 환자로서는 그보다 큰 도움이 어디 있겠소.

그녀는 체내진액이 몽땅 메말라 인간으로서 더 이상 일어날 수 없자 다시금 삶 포기라는 결의를 굳혔소. 해 저문 시각에 구멍가게에서 소주 몇 병을 사 들고 택시를 탔소. 택시기사는 죽으러 가는 여자임을 단번에 알아채고 집적거리기 시작했소. 달아오른 남정네 소원 들어달라며 길녘에 세워둔 택시 안에서 집요하게 덤벼들었소. 뒤로 젖혀진 손님좌석에 눕혀진 그녀는 순간 남자의 몸뚱이를 냅다 걸어차며 자신을 지켜냈소. 그리고는 무턱대고 이 산중으로 올랐소. 주변을 둘러볼 겨를이 없었으니 당연히 분별력이 실종된 채로 무작정 길 따라 이 산중에 도달했던 게요.

사람 보기 힘든, 더구나 어둠이 점차 깊어가는 산중에서 마주치게 된 우리는 서로 귀신을 본 양 깜짝 놀라며 뒷걸음치지 않았겠소. 그러나 긴장의 경계심도 이내 푼 그녀는 곧 대범으로 덤벼들었소.

'술 혼자 마시기에 너무 적적하니 함께 취해 봅시다.' 하지 않았겠소.

경찰공무원 당시 술에 취해 근무태만과 낯선 여자들을 곧

잘 희롱했던 경험자로서, 오랫동안 성에 굶주려 있었던 마른 막대기로서 근성 꿈틀거리도록 주체를 잃은 가운데, 두 번 다시 없을 눈앞의 기회를 차 버릴 수가 없었소. 들고 오느라 힘들었을 검은 비닐 안 다섯 병의 소주를 함께 마시면서 우리는 서로를 끌어안고 진탕하게 뒹굴었소. 배꼽에 배꼽을 맞비빈 그 짓을 하면서 한편으로 기분이 영 찝찔했던 까닭은 '귀신과의 동침이 아닐까?'라는 망령된 흉사 때문이었소.

'난 죽으러 이 산에 오른 거야. 그러니 날 죽여줘.'

처음엔 내 귀를 의심했소. 너무나 노골적인 담력이라 잘못 들었나 싶을 정도로 긴가민가하지 않았겠소. 실상 꾸민 속임이 전혀 없는 그 음색에는 살고 싶지 않다는 죽음의 그림자가 짙게 드리워져 있었소. 그 악귀가 내게로 덮이지 않을까? 그 떨리도록 무섭고 뒤숭숭한 초조는 머리카락 전체를 쭈뼛 세우는 짜르르한 소름에 사로잡히게 했소. 그 바람에 막 나가는 개지랄로 한 번 더 욕정을 풀고 싶다는 외로운 사정을 달래려 했던 꿈이 산산조각 깨져버렸지 뭐유. 그 한편으로 어찌나 서운한지 상실감이 아주 컸다오.

'당신은 경찰 출신이라 사람 죽이는 요령 잘 알 터이니 제발 내 한 풀도록 목줄을 끊어줘. 살고 싶지 않아. 제발, 아무도 다니지 않는 이 산중에서 사람 한 명쯤 죽인 건 쉽게 덮고 넘어갈 수 있잖아.'

이번엔 인간적 고뇌로 눈을 똑바로 뜰 수 없었소. 썩 좋은 일이 아니니 기분이 측은하게 가라앉았소. '까짓것, 두 눈 딱 감고 죽고 싶다는 사람 소원 들어줄까?'라는 악마의 유혹도 심란하게 겪지 않았겠소. 아무리 불명예를 안은 전직경찰관이라 할지라도 생사람 죽이는 일만큼은 인간 양심상 하지 못하겠더라고…!

그때 이런저런 갈등 속에 그녀가 했던 한마디 말이 번뜩 떠올랐소. 나는 주저 없이 말문을 열었소.

'학창시절에 교회 다녔었다면 그 하나님께 살려 달라 애걸복걸 매달려 봐라. 인간 도리상 난 생사람 목조를 자신 없다.'

경찰근무를 할 당시 죽지 못해 살아가는 사람들이 교회 사람들의 전도를 받고 부활하셨다는 예수를 만난 후 새 삶을 살아가는 신자들의 얘기 수없이 듣거나 많이 봤었거든."

"사랑에 빠져라. 그리하면 그 기운에 살고 싶다는 희망이 자
란다."

어부 김철동의 품위 있는 말에 전직경찰관은 정색을 그려
냈다.

후기

　『꿈을 좇는 마음의 삶』는 전작 『그리스도를 따르리』의 후작이라는 변명을 아니 붙일 수 없다. 이란성 성격의 작품이기 때문이다. 같은 제목으로 1권과 2권으로 나눠 출간하려 하였으나, 전작의 작업 기한과 맞출 수 없었기에 제목이 다른 별개의 책으로 엮어내게 되었다. 스스로 정한 작업 기한이 두 달 열흘이라 전작에 비해 페이지 수는 크게 줄었다. 독서 부담을 덜어주겠다는 의도보다 다음 작품 설계의 착수에 앞서 힘의 비축이 필요했기 때문이다.

영육 간의 건강과 재능을 내리신 하나님께 감사드리며 이 책을 읽는 분들에게도 하나님의 은총을 기원한다.

2019년 7월
저자 김성호